ERWEITERTE AUFLAGE
MIT MINI-SEMMELKNÖDEL REZEPTEN

Mini Knödel
KOCHBUCH

Der runde Kochspaß für Groß und Klein

Pfanni®

20 Knödel
Pfanni
Mini Knödel
geformte Kartoffelknödel
Fertig in 7 Minuten

Liebe kleine und große Schleckermäuler,

was gibt es Schöneres, als gemeinsam mit Familie und Freunden zu kochen und zu schlemmen? Ob im Frühling, Sommer, Herbst oder Winter – ein Zusammentreffen in kleiner oder großer Runde macht immer Spaß. Bleibt nur eine Frage: Mit welchem Gericht bekommt man die oft ganz unterschiedlichen Geschmäcker von großen und kleinen Schleckermäulern unter eine Kochmütze?

Die Lösung ist ganz einfach: mit Mini-Knödeln! Die gibt es jetzt in zwei Varianten: als Kartoffelknödel und als Semmelknödel. Liebhaber traditioneller Gerichte erkennen in den fix zubereiteten Bällchen sofort die kleinen Verwandten ihrer heiß geliebten „großen" Knödel. Fans mediterraner Küche finden in diesem Buch viele neue, runde Rezeptideen, und Kindern sind die lustigen „Minis" sowieso sympathisch. Die sind nämlich in nur fünf (Semmelknödel) bzw. sieben Minuten (Kartoffelknödel) Kochzeit zum Anbeißen köstlich und unschlagbar abwechslungsreich. Sie schmecken herzhaft und mit Soße oder auch gerne mal süß. Runde Allroundtalente, die Nudeln, Reis & Co. glatt in den Schatten stellen. Auf den folgenden Seiten lernen Sie die großen köstlichen Möglichkeiten kennen, die in den Mini-Knödeln stecken.

Viel Vergnügen beim runden Kochspaß für Groß und Klein und: guten Appetit!

1-2-3-4-fertig!

1. INS WASSER GEBEN
Bringen Sie 1,5 l Wasser zum Kochen und schneiden Sie die Packung Mini-Knödel auf.

2. KOCHEN
Geben Sie die Mini-Knödel in das kochende Wasser. Lassen Sie diese bei mittlerer Hitze 5 Minuten (Semmelknödel) bzw. 7 Minuten (Kartoffelknödel) sprudelnd kochen.

3. SCHÖPFEN
Gießen Sie danach das Wasser ab oder nehmen Sie die Mini-Knödel mit der Schöpfkelle heraus.

4. GUTEN APPETIT!
Die Mini-Knödel sind jetzt servierfertig!

Was Sie schon immer über **Knödel** wissen wollten ...

Haben Sie gewusst, dass

- unsere in Pfahlbauten lebenden Vorfahren bereits 2000 v. Chr. eine Art Urknödel aus Mehl verspeisten?

- der Knödelwürger kein grobschlächtiger Küchenderwisch, sondern ein im 11. Jahrhundert beliebtes Messer zum Verzehr von Knödeln war?

- das erste Bild eines Knödels aus dem Jahr 1290 auf einer sakralen Freske in der Burgkapelle im österreichischen Hocheppen prangt und eine Klosterfrau beim Essen ihrer runden Leibspeise zeigt?

- in einem österreichischen Volkslied der montägliche Knödeltag besungen wird?

- bis vor etwa 450 Jahren vor allem Knödel aus Brot zubereitet wurden, da die Kartoffel erst danach von spanischen Eroberern aus Amerika in Europa eingeführt wurde?

- es im Jahr 1894 ein so genanntes Appetit-Lexikon gab, in dem ausdrücklich darauf hingewiesen wurde, dass Knödel schmackhaft, nahrhaft, sättigend und sogar ohne ärztliche Verordnung zu genießen seien?

- die Knödel-Zubereitung eine rasante Entwicklung genommen hat und die neuen, handlichen Mini-Knödel in nur fünf (Semmelknödel) bzw. sieben (Kartoffelknödel) Minuten so schnell zubereitet sind wie Pasta?

Inhalt

SALATE

Knödel mit Blattsalat? Wer das bisher für eine unmögliche Kombination hielt, bekommt auf den folgenden Seiten ein paar köstliche Überraschungen serviert. Knackiges Grün, frisches Gemüse und leichte kleine Knödel – probieren Sie es einfach mal aus!

Blattsalat mit Radieschenvinaigrette

Zubereitung:

1. Salat putzen, waschen und trockenschleudern. Radieschen putzen und waschen. Die Hälfte in Scheiben, restliche Radieschen in sehr kleine Würfel schneiden. Essig, Keimöl und Senf verrühren, mit Salz und Pfeffer abschmecken. Radieschenwürfel unter das Dressing mischen.

2. Kartoffelknödel in kochendem Wasser 7 Minuten garen, in ein Sieb abgießen. Thymian waschen und trockentupfen. Frühstücksspeckscheiben der Länge nach halbieren. Jeweils etwas frischen Thymian auf die Speckscheiben geben und damit die Knödel umwickeln. In einer Pfanne die Speckknödel rundherum knusprig anbraten.

3. Salat mit Radieschenscheiben auf einer Platte anrichten. Knödel darauf verteilen und mit dem Dressing beträufeln.

Zubereitungszeit:
ca. 25 Minuten

Zutaten für 4 Portionen:
300 g Blattsalat (z.B. Lollo rosso, Eichblatt, Rucola)
1/2 Bund Radieschen (ca. 100 g)
2 EL Balsamico bianco (weißer Balsamessig)
4 EL Keimöl
1/2-1 TL Senf
Salz, Pfeffer
1 Packung PFANNI Mini-Knödel „Kartoffelknödel“
3 Zweige frischer Thymian
10 Scheiben Frühstücksspeck

Nährwerte pro Portion:
kcal: 352, kJ: 1468
Eiweiß (in g): 11
Fett (in g): 19
Kohlenhydrate (in g): 34

Gratinierter Ziegenkäse auf Blattsalat

Zubereitung:

1. Salat putzen, waschen und trockenschleudern. Nektarinen halbieren und den Kern entfernen.

2. Semmelknödel ins kochende Wasser geben und bei schwacher Hitze 5 Minuten garen. Knödel in ein Sieb abgießen und gut abtropfen lassen.

3. Ziegenkäserolle in 4 Scheiben schneiden. Nektarinenhälften mit der Schnittfläche nach oben in eine Auflaufform geben und jeweils eine Scheibe Ziegenkäse darauf setzen. Im vorgeheizten Backofen bei 225 °C ca. 10 Minuten gratinieren.

4. Salat auf Teller geben. Gratinierte Nektarinen und Semmelknödel darauf verteilen.

5. Beutelinhalt Salatkrönung mit Olivenöl und 3 EL Wasser verrühren und über die Salatzutaten geben.

Tipp: Gegarte Semmelknödel in etwas Margarine anbraten und zum Salat geben.

Zubereitungszeit:
ca. 20 Minuten

Zutaten für 4 Portionen:
350 g Blattsalat
(z.B. Eichblatt, Rucola)
2 Nektarinen oder Pfirsiche
1 Packung
PFANNI Mini-Knödel
„Semmelknödel"
1 Stück Ziegenkäserolle
(ca. 4 cm dick)
1 Beutel KNORR Salatkrönung Balsamico Kräuter
3 EL Olivenöl

Nährwerte pro Portion:
kcal: 395, kJ: 1656
Eiweiss (in g): 17
Fett (in g): 20
Kohlenhydrate (in g): 37

Zucchinischeiben mit Kräutervinaigrette

Zubereitungszeit:
ca. 25 Minuten

Zutaten für 4 Portionen:
500 g Zucchini
2-3 EL Keimöl
1/2 Bund Petersilie
1/2 Bund Schnittlauch
3 EL Weißweinessig
Salz, Pfeffer
1 Packung
PFANNI Mini-Knödel
„Kartoffelknödel"
ca. 30 g geriebener
Parmesan

Nährwerte pro Portion:
kcal: 323, kJ: 1349
Eiweiß (in g): 9
Fett (in g): 17
Kohlenhydrate (in g): 34

Zubereitung:

1. Zucchini putzen, waschen und der Länge nach in 1/2 cm dünne Scheiben schneiden. Zucchinischeiben in einer Pfanne im heißen Keimöl portionsweise von beiden Seiten anbraten, auf Küchenpapier legen.

2. Kräuter waschen und trockentupfen. Petersilie fein hacken. Schnittlauch in feine Röllchen schneiden. Essig mit Kräutern verrühren und mit Salz und Pfeffer abschmecken.

3. Kartoffelknödel in kochendem Wasser 7 Minuten garen, in ein Sieb abgießen. Knödel im Parmesan wälzen.

4. Zucchinischeiben auf einer Platte anrichten. Dressing darüberträufeln und die Parmesanknödel daraufgeben.

Rucola-Salat mit gebratenen Cocktailtomaten

Zubereitung:

1. Rucola putzen, waschen und trockenschleudern. Pinienkerne in einer Pfanne ohne Fettzugabe goldgelb rösten, herausnehmen.

2. Semmelknödel ins kochende Wasser geben und bei schwacher Hitze 5 Minuten garen. Knödel in ein Sieb abgießen und gut abtropfen lassen.

3. Tomaten waschen und im Zucker wälzen. Tomaten in der Pfanne im heißen Olivenöl kurz anbraten. Knödel zufügen und kurz mitbraten.

4. Beutelinhalt Salatkrönung mit Keimöl und 3 EL Wasser verrühren. Rucola auf Teller verteilen, Cocktailtomaten und Knödel darauf geben, mit dem Dressing beträufeln und mit Pinienkernen bestreuen.

Tipp: Mit gehobeltem Parmesan bestreuen.

Zubereitungszeit:
ca. 25 Minuten

Zutaten für 4 Portionen:
125 g Rucola
1 EL Pinienkerne
1 Packung
PFANNI Mini-Knödel
„Semmelknödel"
250 g Cocktailtomaten
1-2 EL Zucker
1 EL Olivenöl
1 Beutel KNORR
Salatkrönung „Bärlauch-Schalotte"
3 EL Keimöl

Nährwerte pro Portion:
kcal: 276, kJ: 1164
Eiweiss (in g): 6
Fett (in g): 13
Kohlenhydrate (in g): 35

Feldsalat mit Hähnchenbruststreifen

Zubereitung:

1. Hähnchenbrust in einer Pfanne in 1-2 EL heißem Keimöl braten, mit Salz und Pfeffer würzen, warm stellen.

2. Feldsalat putzen, waschen und trockenschleudern. Tomaten waschen. Essig mit restlichem Keimöl verrühren, mit Salz und Pfeffer abschmecken.

3. Kartoffelknödel in kochendem Wasser 7 Minuten garen, in ein Sieb abgießen. Senf mit Honig verrühren. Die noch heißen Knödel darin schwenken.

4. Feldsalat auf Teller verteilen. Hähnchenbrustfilet quer in Scheiben aufschneiden und zusammen mit den Honig-Senf-Knödeln und den Tomaten auf dem Salat anrichten. Dressing darüberträufeln.

Zubereitungszeit:
ca. 25 Minuten

Zutaten für 4 Portionen:
400 g Hähnchenbrustfilet
4-5 EL Keimöl
Salz, Pfeffer
200 g Feldsalat
100 g Cocktailtomaten
2 EL Aceto balsamico (Balsamessig)
1 Packung PFANNI Mini-Knödel „Kartoffelknödel“
1 TL körniger Senf
2 TL flüssiger Honig

Nährwerte pro Portion:
kcal: 413, kJ: 1723
Eiweiß (in g): 29
Fett (in g): 17
Kohlenhydrate (in g): 35

SUPPEN

Die Mini-Knödel schwimmen sich frei –
in leckeren Eintöpfen und dampfenden Suppen.
Großes Plus: Selbst kleinen Suppenkaspern macht's großen Spaß,
die hellen Bällchen aus dem tiefen Teller zu fischen!

Anke

Feine Erbsensuppe mit Wiener Würstchen

Zubereitung:

1. Zwiebel schälen und in Würfel schneiden. Zwiebel in einem Topf in der heißen Margarine bei mittlerer Hitze dünsten. Erbsen zufügen und kurz mitdünsten. 1l (1000 ml) Wasser dazugießen, aufkochen und Hühner Kraftbouillon einrühren. Zugedeckt bei schwacher Hitze ca. 15 Minuten garen.

2. 3 EL der Erbsen herausnehmen und beiseite stellen. Restliche Suppe mit einem Stabmixer fein pürieren. Sahne oder Cremefine zufügen und mit Salz, Pfeffer und Curry abschmecken.

3. Würstchen in Scheiben schneiden, in die Suppe geben und heiß werden lassen.

4. Inzwischen Semmelknödel ins kochende Wasser geben und bei schwacher Hitze 5 Minuten garen. Knödel in ein Sieb abgießen.

5. Erbsensuppe auf Teller verteilen. Semmelknödel und restliche Erbsen in die Suppe geben.

Tipp: Mit Schnittlauchröllchen bestreut servieren.

Zubereitungszeit:
ca. 25 Minuten

Zutaten für 4 Portionen:
1 Zwiebel
1 EL Margarine
600 g tiefgekühlte Erbsen
3 TL KNORR Hühner Kraftbouillon
100 ml Schlagsahne oder RAMA Cremefine zum Kochen
Salz, Pfeffer, Currypulver
2 Wiener Würstchen (ca. 200 g)
1 Packung PFANNI Mini-Knödel „Semmelknödel“

Nährwerte pro Portion:
kcal: 507, kJ: 2134
Eiweiss (in g): 21
Fett (in g): 25
Kohlenhydrate (in g): 52

Kürbiscreme-suppe

Zubereitungszeit:
ca. 35 Minuten

Zutaten für 4 Portionen:
1 kleiner Hokkaido-Kürbis (ca. 700 g)
300 g Möhren
2 EL Keimöl
2 TL KNORR Delikatess Brühe
100 ml Schlagsahne
1 haselnussgroßes Stück Ingwerwurzel
75 ml Orangensaft
Currypulver
Salz, Pfeffer
1 Packung PFANNI Mini-Knödel „Kartoffelknödel“
50 g Zucker

Zubereitung:

1. Kürbis halbieren und die Kerne herauskratzen. Kürbis in Spalten schneiden, schälen und das Fruchtfleisch würfeln. Möhren schälen und in Stücke schneiden.

2. Kürbis und Möhren in einem Topf im heißen Keimöl anbraten. 1 l (1000 ml) Wasser zufügen und aufkochen. Delikatess Brühe zufügen. Zugedeckt bei mittlerer Hitze ca. 10 Minuten garen.

3. Sahne in einer Schüssel mit den Schneebesen eines Handrührgeräts anschlagen. Ingwer schälen und fein hacken. Suppe mit einem Stabmixer pürieren. Ingwer und Orangensaft zufügen und mit Currypulver, Salz und Pfeffer abschmecken.

4. Inzwischen Kartoffelknödel in kochendem Wasser 7 Minuten garen, in ein Sieb abgießen. Zucker in einer Pfanne so lange erhitzen, bis er goldgelb ist. Die Knödel in die Pfanne geben und kurz karamellisieren lassen.

5. Kürbiscremesuppe auf Teller verteilen. Jeweils etwas angeschlagene Sahne darauf- und karamellisierte Knödel in die Suppe geben.

Nährwerte pro Portion:
kcal: 428, kJ: 1789
Eiweiß (in g): 8
Fett (in g): 19
Kohlenhydrate (in g): 55

Würstchentopf

Zubereitung:

1. Lauch putzen, waschen und in 1 cm breite Ringe schneiden. Bratwürste in Scheiben schneiden und beides in einem Topf im heißen Keimöl anbraten.

2. 1/2 l (500 ml) Wasser zufügen, Inhalt beider Beutel Fix für Puten-Geschnetzeltes einrühren und aufkochen.

3. Sahne-Schmelzkäse unterrühren. Kartoffelknödel zufügen und bei schwacher Hitze ca. 10 Minuten garen.

Zubereitungszeit:
ca. 20 Minuten

Zutaten für 3-4 Portionen:
200 g Lauch (Porree)
2 Bratwürste (ca. 300 g)
2 EL Keimöl
2 Beutel KNORR Fix Puten-Geschnetzeltes
50 g Sahne-Schmelzkäse
1 Packung PFANNI Mini-Knödel „Kartoffelknödel"

Nährwerte pro Portion (1 von 4):
kcal: 615, kJ: 2575
Eiweiß (in g): 17
Fett (in g): 40
Kohlenhydrate (in g): 46

Möhren-Zucchinicremesuppe

Zubereitungszeit:
ca. 35 Minuten

Zutaten für 4 Portionen:
1 Zwiebel
500 g Möhren
300 g Zucchini
2 EL Keimöl
1 TL Zucker
3 TL KNORR Gemüse Bouillon
50 ml Schlagsahne oder RAMA Cremefine zum Kochen
Salz, Pfeffer
1 Packung PFANNI Mini-Knödel „Kartoffelknödel“
1 Bund frischer Zitronenthymian (oder 1 EL getrockneter Thymian)

Zubereitung:

1. Zwiebel und Möhren schälen, Zwiebel hacken und Möhren würfeln. Zucchini putzen, waschen und ebenfalls würfeln.

2. Möhren in einem Topf im heißen Keimöl andünsten. Zucker darüberstreuen und die Möhren kurz karamellisieren lassen. Zwiebel und Zucchini zufügen und mitbraten. 1 l (1000 ml) Wasser zufügen und aufkochen, Gemüse Bouillon zufügen. Zugedeckt bei mittlerer Hitze ca. 15 Minuten garen.

3. Suppe mit einem Stabmixer pürieren. Sahne oder Cremefine zufügen. Mit Salz und Pfeffer abschmecken.

4. Inzwischen die Kartoffelknödel in kochendem Wasser 7 Minuten garen, in ein Sieb abgießen. Thymian waschen, trockentupfen und die Blättchen abzupfen. Knödel im Thymian wälzen.

5. Suppe auf Teller verteilen und Thymianknödel in die Suppe geben.

Nährwerte pro Portion:
kcal: 330, kJ: 1380
Eiweiß (in g): 7
Fett (in g): 15
Kohlenhydrate (in g): 40

Italienische Gemüsesuppe

Zubereitung:

1. Frischen Broccoli putzen, in Röschen teilen und waschen. Zwiebel und Knoblauch schälen und fein hacken. Mais in ein Sieb abgießen. Petersilie waschen, trockentupfen und fein hacken.

2. Zwiebel und Knoblauch in einem Topf im heißen Keimöl dünsten. 1 l (1000 ml) Wasser dazugießen, aufkochen und Gemüse Bouillon zufügen. Ungegarte Kartoffelknödel und Broccoli ergänzen und 4 Minuten garen. Bohnen und Mais zufügen und weitere 3 Minuten garen. Mit Salz und Pfeffer abschmecken.

3. Gemüsesuppe auf Schalen verteilen, mit Petersilie bestreuen und etwas Ajvar und Crème fraîche als Klecks daraufgeben.

Nährwerte pro Portion:
kcal: 316, kJ: 1323
Eiweiß (in g): 9
Fett (in g): 12
Kohlenhydrate (in g): 43

Zubereitungszeit:
ca. 25 Minuten

Zutaten für 4 Portionen:
300 g Broccoli (frisch oder tiefgekühlt)
1 Zwiebel
1 Knoblauchzehe
1 Dose Mais (Abtropfgewicht 140 g)
1/2 Bund Petersilie
1 EL Keimöl
4 TL KNORR Gemüse Bouillon
1 Packung PFANNI Mini-Knödel „Kartoffelknödel"
150 g tiefgekühlte Prinzessbohnen
Salz, Pfeffer
2 TL Ajvar (Paprikazubereitung)
1-2 EL Crème fraîche

Rieslingcreme-Suppe

Zubereitungszeit:
ca. 20 Minuten

Zutaten für 4 Portionen:
1/2 l (500 ml) Weißwein (Riesling)
50 g Zucker
1-2 EL Zitronensaft
2 TL KNORR Delikatess Brühe
1 EL MONDAMIN Feine Speisestärke
1 TL mittelscharfer Senf
2 Eigelb
1/8 l (125 ml) Schlagsahne oder RAMA Cremefine zum Kochen
Salz
1 Packung PFANNI Mini Knödel „Semmelknödel"

Zubereitung:

1. Wein, 1/2 l (500 ml) Wasser, Zucker und Zitronensaft zum Kochen bringen. Delikatess Brühe einrühren.

2. Speisestärke mit etwas Wasser und Senf anrühren und unter Rühren zufügen, kurz aufkochen lassen.

3. Eigelb mit der Sahne oder Cremefine verrühren. Die Suppe vom Herd nehmen und die Eigelb-Sahne einrühren (nicht mehr kochen lassen). Mit Salz abschmecken.

4. Inzwischen Semmelknödel ins kochende Wasser geben und bei schwacher Hitze 5 Minuten garen. Knödel in ein Sieb abgießen. Rieslingcreme-Suppe auf Teller verteilen und Knödel in die Suppe geben.

Tipp: 1-2 rote Zwiebeln schälen, in Ringe schneiden und in etwas Margarine anbraten. Suppe mit den Zwiebelringen und etwas Petersilie garnieren.

Nährwerte pro Portion:
kcal: 423, kJ: 1780
Eiweiss (in g): 7
Fett (in g): 14
Kohlenhydrate (in g): 44

Herbstlicher Eintopf

Zubereitungszeit:
ca. 30 Minuten

Zutaten für 4 Portionen:
1 kleine Zwiebel
300 g Möhren
200 g Lauch (Porree)
1 kleiner Bund Petersilie
2 ungebrühte Bratwürste (ca. 300 g)
1-2 EL Keimöl
4 TL KNORR Fleisch Suppe
1 Packung PFANNI Mini-Knödel „Kartoffelknödel"
Salz, Pfeffer

Zubereitung:

1. Zwiebel schälen und fein würfeln. Möhren schälen und in Würfel schneiden. Lauch putzen, waschen und in 1 cm breite Ringe schneiden. Petersilie waschen, trockentupfen und grob hacken.

2. Bratwurst als kleine Klößchen aus der Pelle drücken und in einem Topf im heißen Keimöl anbraten, herausnehmen. Zwiebeln und Möhren im restlichen Bratfett dünsten. Lauch zufügen und ebenfalls kurz mitdünsten. 1 l (1000 ml) Wasser zufügen und aufkochen. Fleisch Suppe einrühren.

3. Kartoffelknödel und Bratwurstklößchen dazugeben, bei mittlerer Hitze ca. 7 Minuten garen. Mit Salz und Pfeffer abschmecken. Petersilie kurz vor dem Servieren zufügen.

Tipp: Schmeckt auch lecker mit Steckrübe anstelle von Möhren.

Nährwerte pro Portion:
kcal: 462, kJ: 1935
Eiweiß (in g): 15
Fett (in g): 28
Kohlenhydrate (in g): 36

GEMÜSEKÜCHE

Von Auberginen über Möhren bis Zucchini: Für Fans abwechslungsreicher Gemüsegerichte sind die Mini-Knödel genau das Richtige! Klein, leicht und schnell zubereitet sind sie die ideale Alternative zu Nudeln, Kartoffeln und Reis.

Zubereitungszeit:
ca. 25 Minuten

Zutaten für 3 Portionen:

1 Zwiebel
1 Knoblauchzehe
1 Dose Kichererbsen (Abtropfgewicht 250 g)
2 EL Keimöl
1 Packung tiefgekühlter Blattspinat (450 g)
100 g Doppelrahm-Frischkäse
Salz, Pfeffer
1 Packung PFANNI Mini-Knödel „Kartoffelknödel“

Blattspinatcreme mit Kichererbsen

Zubereitung:

1. Zwiebel und Knoblauch schälen und fein hacken. Kichererbsen in einem Sieb abtropfen lassen.

2. Zwiebel und Knoblauch in einer Pfanne im heißen Keimöl dünsten, tiefgefrorenen Spinat und 100 ml Wasser zufügen. Zugedeckt bei mittlerer Hitze ca. 15 Minuten garen, bis der Spinat aufgetaut ist. Kichererbsen dazugeben. Frischkäse unterrühren und mit Salz und Pfeffer abschmecken.

3. Inzwischen Kartoffelknödel in kochendem Wasser 7 Minuten garen, herausnehmen und zur Blattspinatcreme servieren.

Nährwerte pro Portion:
kcal: 583, kJ: 2429
Eiweiß (in g): 21
Fett (in g): 28
Kohlenhydrate (in g): 59

Rahmwirsing zu Semmelknödeln

Zubereitungszeit:
ca. 30 Minuten

Zutaten für 3 Portionen:
600 g Wirsing
1 Zwiebel
1 kleine rote Chilischote
100 g Kabanossi am Stück
1 TL KNORR Bio Gemüse Bouillon
1 TL Zucker
1 EL Margarine
250 ml RAMA Cremefine zum Kochen
Salz, geriebene Muskatnuss
1 Packung PFANNI Mini-Knödel „Semmelknödel"

Nährwerte pro Portion:
kcal: 539, kJ: 2252
Eiweiss (in g): 17
Fett (in g): 32
Kohlenhydrate (in g): 46

Zubereitung:

1. Vom Wirsing die äußeren Blätter entfernen, den Strunk herausschneiden. Wirsing in Streifen schneiden. Zwiebel schälen und fein hacken. Chilischote waschen und in feine Ringe schneiden. Wurst in Scheiben schneiden.

2. In einem hohen Topf reichlich Wasser aufkochen, Gemüse Bouillon und Zucker zufügen. Wirsing dazugeben und ca. 10 Minuten kochen. Wirsing in ein Sieb abgießen.

3. Margarine im Topf erhitzen, Zwiebeln und Chili anbraten. Wirsing, Kabanossi und Cremefine dazugeben und aufkochen. Mit Salz und Muskat abschmecken.

4. Inzwischen Semmelknödel ins kochende Wasser geben und bei schwacher Hitze 5 Minuten garen. Knödel in ein Sieb abgießen, zum Rahmwirsing geben und mit grobem Pfeffer bestreut servieren.

Tipp: Wer es nicht ganz so scharf mag, entfernt die Kerne der Chilischote.

Gegrillte Auberginenscheiben

Zubereitung:

1. Aubergine putzen, waschen und in 1/2 cm dicke Scheiben schneiden. Paprika halbieren, entkernen, waschen und in kleine Würfel schneiden. 2 EL der Paprikawürfel zur Seite stellen. Zwiebel und Knoblauch schälen und fein hacken. Basilikum waschen und trockentupfen.

2. Zwiebel und Knoblauch in einem Topf im heißen Öl anbraten, Paprika zufügen und mitbraten. 75 ml Wasser und Gemüse Bouillon zufügen und alles zugedeckt bei schwacher Hitze ca. 15 Minuten kochen lassen, bis die Paprika weich ist. Paprika in ein hohes Gefäß geben und mit einem Stabmixer pürieren. Danach nach Belieben durch ein Sieb streichen. Paprikasoße mit Salz und Pfeffer abschmecken.

3. Inzwischen Auberginenscheiben in einer Pfanne ohne Fettzugabe von beiden Seiten braten (am besten in einer Grillpfanne). Kartoffelknödel in kochendem Wasser 7 Minuten garen, in ein Sieb abgießen.

4. Auberginenscheiben auf Teller verteilen, mit Salz und Pfeffer würzen. Paprikacreme und Knödel darauf verteilen. Ziegenfrischkäse als Nocken daraufgeben. Mit Basilikum und den restlichen Paprikawürfeln bestreuen.

Zubereitungszeit:
ca. 35 Minuten

Zutaten für 3 Portionen:
400 g Aubergine
2 rote Paprikaschoten
1 gelbe Paprikaschote
1 Zwiebel
1 Knoblauchzehe
10 Basilikumblätter
1 EL Olivenöl
1/2 TL KNORR Gemüse Bouillon
Salz, Pfeffer
1 Packung PFANNI Mini-Knödel „Kartoffelknödel"
50 g Ziegenfrischkäse

Nährwerte pro Portion:
kcal: 435, kJ: 1822
Eiweiß (in g): 13
Fett (in g): 16
Kohlenhydrate (in g): 57

Nährwerte pro Portion (1 von 4):
kcal: 336, kJ: 1411
Eiweiß (in g): 9
Fett (in g): 12
Kohlenhydrate (in g): 47

Zubereitungszeit:
ca. 30 Minuten

Zutaten für 3-4 Portionen:
300 g Zucchini
300 g Aubergine
je 1 rote und gelbe Paprikaschote
1 Zwiebel
1 Knoblauchzehe
2 EL Keimöl
1 Packung KNORR Tomato al Gusto passierte Tomaten (500 g)
1-2 TL getrocknete Kräuter der Provence
Salz, Pfeffer, Zucker
1 Packung PFANNI Mini-Knödel „Kartoffelknödel"

Tipp: Mit frischen Kräutern bestreuen.

Gemüsepfanne à la Ratatouille

Zubereitung:

1. Zucchini und Aubergine putzen, waschen und in Stücke schneiden. Paprika halbieren, entkernen, waschen und in Streifen schneiden. Zwiebel und Knoblauch schälen und fein hacken.

2. Zwiebel und Knoblauch in einer Pfanne im heißen Keimöl anbraten. Gemüse zufügen und mitbraten. Tomaten und Kräuter zufügen und alles ca. 10 Minuten bei mittlerer Hitze garen. Mit Salz, Pfeffer und Zucker abschmecken.

3. Inzwischen Kartoffelknödel in kochendem Wasser 7 Minuten garen, herausnehmen und unter die Gemüsepfanne mischen.

Frühlingsgemüse in Kokosrahm zu Sesamknödeln

Nährwerte pro Portion:
kcal: 439, kJ: 1839
Eiweiß (in g): 11
Fett (in g): 16
Kohlenhydrate (in g): 61

Zubereitungszeit:
ca. 30 Minuten

Zutaten für 3 Portionen:
300 g Möhren
1 Kohlrabi (ca. 450 g)
150 g Zuckerschoten
Salz
200 ml Kokosmilch
2-3 EL MONDAMIN Fix Soßenbinder für Gemüse
Pfeffer
etwas Zitronensaft
1 Packung PFANNI Mini-Knödel „Kartoffelknödel"
3 EL Sesam

Zubereitung:

1. Gemüse putzen und waschen. Möhren und Kohlrabi in 1/2 cm dicke und 3 cm lange Stifte schneiden. Möhren in kochendes, leicht gesalzenes Wasser geben und 2 Minuten garen, Kohlrabi zufügen und weitere 4 Minuten garen. Zum Schluss die Zuckerschoten dazugeben und weitere 2 Minuten kochen. Gemüse in ein Sieb abgießen, Gemüsekochwasser dabei auffangen.

2. 1/4 l (250 ml) Gemüsekochwasser und Kokosmilch in einem Topf aufkochen. Soßenbinder für Gemüse zufügen und 1 Minute kochen lassen. Mit Salz, Pfeffer und Zitronensaft abschmecken.

3. Inzwischen Kartoffelknödel in kochendem Wasser 7 Minuten garen, in ein Sieb abgießen. Sesam in einer Pfanne ohne Fettzugabe rösten. Knödel im gerösteten Sesam wälzen. Gemüse auf Tellern anrichten, Soße darübergeben und Sesamknödel dazugeben.

Italienische Bohnen
mit Salbeiknödeln

Zubereitungszeit:
ca. 30 Minuten

Zutaten für 3 Portionen:
1 Dose weiße Bohnen (z.B. Cannellini-Bohnen; Abtropfgewicht 250 g)
1 Zwiebel
1 EL Olivenöl
1 Packung KNORR Tomato al Gusto Tomaten in Stückchen (500 g)
Salz, Pfeffer
1 Packung PFANNI Mini-Knödel „Kartoffelknödel"
ca. 15 Salbeiblätter
10 g Butter

Zubereitung:

1. Bohnen in einem Sieb abtropfen lassen. Zwiebel schälen und fein hacken und in einem Topf im heißen Öl anbraten. Tomaten und Bohnen zufügen und bei schwacher Hitze ca. 15 Minuten garen. Mit Salz und Pfeffer abschmecken.

2. Inzwischen Kartoffelknödel in kochendem Wasser 7 Minuten garen, in ein Sieb abgießen.

3. Salbei waschen und trockentupfen. Butter in einer Pfanne schmelzen, Salbei zufügen und kurz anbraten. Knödel in die Pfanne geben und in der Salbeibutter schwenken. Salbeiknödel zum Gemüse reichen

Nährwerte pro Portion:
kcal: 406, kJ: 1718
Eiweiß (in g): 11
Fett (in g): 15
Kohlenhydrate (in g): 55

Buntes Spargelragout

Zubereitungszeit:
ca. 30 Minuten

Zutaten für 3 Portionen:
250 g weißer Spargel
250 g grüner Spargel
150 g kleine Champignons
100 g Cocktailtomaten
1 EL Keimöl
1 TL KNORR Delikatess Brühe
50 ml Weißwein
100 ml Schlagsahne oder RAMA Cremefine zum Kochen
3 EL MONDAMIN Mehlschwitze, hell
Salz, Pfeffer
1 Packung PFANNI Mini-Knödel „Semmelknödel"

Nährwerte pro Portion:
kcal: 411 kJ: 1732
Eiweiss (in g): 11
Fett (in g): 20
Kohlenhydrate (in g): 46

Zubereitung:

1. Weißen Spargel ganz, grünen Spargel nur am unteren Drittel schälen. Die Enden abschneiden. Spargel in 3 cm lange Stücke schneiden. Champignons putzen, Tomaten waschen und halbieren.

2. Pilze in einem Topf im heißen Keimöl anbraten. Spargelstücke zufügen und kurz mitbraten. 1/4 l (250 ml) Wasser zufügen, aufkochen und Delikatess Brühe einrühren. Weißwein zufügen und zugedeckt bei mittlerer Hitze ca. 8 Minuten garen.

3. Sahne oder Cremefine zufügen und Mehlschwitze einrühren, 1 Minute kochen lassen. Mit Salz und Pfeffer abschmecken. Tomaten zufügen und heiß werden lassen.

4. Inzwischen Semmelknödel ins kochende Wasser geben und bei schwacher Hitze 5 Minuten garen. Knödel in ein Sieb abgießen und zum Spargelragout servieren.

Tipp: Mit gehackter Petersilie bestreut servieren.

Pilzragout
mit Kartoffelknödeln

Zubereitungszeit:
ca. 30 Minuten

Zutaten für 3-4 Portionen:
1 Zwiebel
3-4 Knoblauchzehen
800 g gemischte Pilze (z.B. Champignons, Austernpilze, Pfifferlinge, Steinpilze)
1 Bund Petersilie
3 Thymianzweige
2 EL RAMA Culinesse Pflanzencreme
200 ml RAMA Cremefine zum Verfeinern
Salz, Zitronenpfeffer
1 Packung PFANNI Mini-Knödel „Kartoffelknödel"

Nährwerte pro Portion (1 von 4):
kcal: 381, kJ: 1584
Eiweiß (in g): 11
Fett (in g): 21
Kohlenhydrate (in g): 37

Zubereitung:

1. Zwiebel und Knoblauch schälen und fein würfeln, Pilze putzen und in Stücke schneiden. Petersilie und Thymian waschen und trockentupfen, Petersilie hacken.

2. Pilze in einer großen Pfanne in der heißen Pflanzencreme bei starker Hitze ca. 5 Minuten braten. Zwiebel, Knoblauch und Thymian dazugeben, kurz mitbraten. Thymianzweige aus der Pfanne nehmen, 50 ml Wasser zu den Pilzen geben und Cremefine unterrühren. Mit Salz und Pfeffer abschmecken, Petersilie unterheben.

3. Inzwischen Kartoffelknödel in kochendem Wasser 7 Minuten garen, herausnehmen und zum Pilzragout servieren.

MODERNE KLASSIKER

Wenn Geschnetzeltes, Hähnchen oder Leberkäse auf pfiffige Mini-Knödel treffen, können ganz schnell moderne Klassiker entstehen. Besondere Zutaten wie Mango, Ingwer oder Salbei geben traditionellen Gerichten einen ganz neuen Dreh.

Bratwurst-Spitzkohl-Pfanne

Zubereitung:

1. Zwiebel schälen und fein hacken. Kohl putzen und in 1 cm breite Streifen schneiden.

2. Zwiebel in einem Topf in 1 EL heißem Keimöl anbraten. Spitzkohl zufügen und kurz mitbraten. 1/8 l (125 ml) Wasser und Gemüse Bouillon zufügen und den Kohl bissfest garen. Crème fraîche unterrühren und mit Salz und Pfeffer abschmecken.

3. Bratwürstchen in einer Pfanne im restlichen heißen Keimöl braten.

4. Inzwischen Kartoffelknödel in kochendem Wasser 7 Minuten garen und herausnehmen.

Tipp: Gegarte Knödel in etwas Fett goldgelb braten und dazu servieren.

Nährwerte pro Portion (1 von 4):
kcal: 554, kJ: 2319
Eiweiß (in g): 20
Fett (in g): 37
Kohlenhydrate (in g): 35

Zubereitungszeit: ca. 30 Minuten

Zutaten für 3-4 Portionen:
1 Zwiebel
1 Spitzkohl (ca. 500 g)
2 EL Keimöl
1 TL KNORR Gemüse Bouillon
2-3 EL Crème fraîche
Salz, Pfeffer
300 g Nürnberger Rostbratwürstchen
1 Packung PFANNI Mini-Knödel „Kartoffelknödel"

Kotelett mit Zwiebelkruste

Zubereitungszeit:
ca. 35 Minuten

Backzeit: 15-20 Minuten

Zutaten für 3 Portionen:
3-4 rote Zwiebeln
1/2 Bund Petersilie
3 Schweinekoteletts
(à ca. 150 g)
2 EL Keimöl
Salz, Pfeffer
2 EL Paniermehl
(Semmelbrösel)
30 g geriebener Parmesan
1 Innenpäckchen KNORR
Zwiebel Rahmsoße zu
Frikadellen (aus dem
2er Pack)
50 ml Schlagsahne oder
RAMA Cremefine zum
Kochen
1 Packung PFANNI Mini-
Knödel „Kartoffelknödel"

Nährwerte pro Portion:
kcal: 692, kJ: 2894
Eiweiß (in g): 44
Fett (in g): 33
Kohlenhydrate (in g): 54

Zubereitung:

1. Zwiebeln schälen und in dünne Spalten schneiden. Petersilie waschen, trockentupfen und fein hacken.

2. Koteletts in einer Pfanne im heißen Keimöl von beiden Seiten kurz anbraten. Mit Salz und Pfeffer würzen und in eine Auflaufform geben.

3. Zwiebeln im restlichen Bratfett anbraten. Paniermehl und Parmesan dazugeben und mit Salz und Pfeffer abschmecken. Zwiebelmasse auf die Koteletts verteilen und etwas festdrücken. Im vorgeheizten Backofen bei 225 °C 15-20 Minuten überbacken.

4. 200 ml Wasser in die Pfanne gießen und den Päckcheninhalt der Zwiebel Rahmsoße einrühren und unter Rühren aufkochen. Sahne oder Cremefine zufügen und unter Rühren 1 Minute kochen lassen.

5. Inzwischen Kartoffelknödel in kochendem Wasser 7 Minuten garen, herausnehmen, mit Petersilie bestreuen und dazu reichen.

Nährwerte pro Portion:
kcal: 534, kJ: 2233
Eiweiß (in g): 32
Fett (in g): 24
Kohlenhydrate (in g): 44

Zubereitungszeit:
ca. 25 Minuten

Zutaten für 3 Portionen:
300 g Putenbrustfilet
150 g Champignons
1 Zwiebel
1/2 Bund Petersilie
2 EL Keimöl
Salz, Pfeffer
50 ml trockener Weißwein
1 TL KNORR Hühner Kraftbouillon
50 g Mascarpone
1 Packung PFANNI Mini-Knödel „Kartoffelknödel"

Tipp: Dazu passt ein grüner Salat.

Putengeschnetzeltes in Weißwein

Zubereitung:

1. Putenbrust in Streifen schneiden. Champignons putzen und in Scheiben schneiden. Zwiebel schälen und fein würfeln. Petersilie waschen, trockentupfen und hacken.

2. Putenfleisch in einer Pfanne im heißen Keimöl braten, mit Salz und Pfeffer würzen, herausnehmen und warm stellen. Champignons und Zwiebel im restlichen Bratfett braten. Weißwein, 1/8 l (125 ml) Wasser und Hühner Kraftbouillon zufügen und aufkochen. Mascarpone unterrühren. Fleisch wieder zufügen und heiß werden lassen. Mit Salz und Pfeffer abschmecken.

3. Kartoffelknödel in kochendem Wasser 7 Minuten garen, herausnehmen. Putengeschnetzeltes mit Petersilie bestreuen und zu den Knödeln servieren.

Lammrücken
mit Kräuterkruste

Zubereitungszeit:
ca. 30 Minuten

Zutaten für 3 Portionen:
3 Scheiben Toastbrot
1-2 Knoblauchzehen
einige Zweige frischen Thymian (oder 2-3 TL getrockneter Thymian)
4 EL Olivenöl
1 TL abgeriebene Zitronenschale
Pfeffer
3 Lammlachse (à 120 g; ausgelöster Lammrücken)
Salz
1-2 TL MONDAMIN Bratenfond
1 EL Aceto Balsamico (Balsamessig)
1-2 TL Honig
1 TL MONDAMIN Fix Soßenbinder, dunkel
1 Packung PFANNI Mini-Knödel „Semmelknödel"

Zubereitung:

1. Vom Toastbrot die Rinde abschneiden, den Rest fein würfeln. Knoblauch schälen und fein hacken. Thymian waschen und die Blättchen abzupfen. Toastbrot mit Knoblauch, 3 EL Olivenöl, Zitronenschale und Thymian vermischen. Mit Pfeffer würzen.

2. In einer Pfanne im restlichen heißen Olivenöl die Lammlachse von beiden Seiten kurz anbraten. Mit Salz und Pfeffer würzen und in eine Auflaufform geben. Die Kräutermasse darauf verteilen und etwas festdrücken. Im vorgeheizten Backofen bei 200 °C ca. 15 Minuten fertig garen.

3. 1/4 l (250 ml) Wasser in die Pfanne geben. Bratenfond zufügen. Mit Aceto Balsamico, Honig, Salz und Pfeffer abschmecken. Die Sauce leicht mit Soßenbinder binden.

4. Inzwischen Semmelknödel in kochendes Wasser geben und bei schwacher Hitze 5 Minuten garen. Knödel in ein Sieb abgießen und zum Lammrücken mit Kräuterkruste servieren.

Dazu passt ein mediterranes Paprikagemüse.

Tipp: Statt Thymian können Sie auch Kräuter der Provence verwenden.

Nährwerte pro Portion:
kcal: 544, kJ: 2280
Eiweiss (in g): 33
Fett (in g): 20
Kohlenhydrate (in g): 57

Asiatisches Putengulasch

Zubereitungszeit:
ca. 35 Minuten
(ohne Marinierzeit)

Zutaten für 3 Portionen:
450 g Putenbrustfilet
4 EL Sojasoße
1 EL Zitronensaft
3 EL Keimöl
1 Knoblauchzehe
1 haselnussgroßes Stück Ingwerwurzel
1 rote Chilischote
200 g Lauch (Porree)
150 g Möhren
1/2 Bund Schnittlauch
1 TL KNORR Hühner Kraftbouillon
1 EL Tomatenketchup
2 EL Fix Soßenbinder, hell
Salz
1 Packung PFANNI Mini-Knödel „Kartoffelknödel“

Nährwerte pro Portion:
kcal: 586, kJ: 2446
Eiweiß (in g): 45
Fett (in g): 21
Kohlenhydrate (in g): 53

Zubereitung:

1. Putenbrust in Würfel schneiden und in einer Schüssel mit 3 EL Sojasoße, Zitronensaft und 1 EL Keimöl mischen. Knoblauch schälen, durch die Presse drücken und dazugeben. Ingwer schälen und fein hacken. Chilischote längs aufschneiden, entkernen, waschen und in feine Ringe schneiden. Beides zum Fleisch geben und untermischen. Zugedeckt an einem kühlen Ort mindestens 1 Stunde (nach Belieben auch über Nacht) marinieren.

2. Lauch und Möhren putzen, waschen und in feine Streifen schneiden. Schnittlauch waschen, trockentupfen und in feine Röllchen schneiden.

3. Das marinierte Fleisch in einer Pfanne im restlichen heißen Keimöl portionsweise anbraten. Gemüse zufügen, kurz anbraten, 1/4 l (250 ml) Wasser zufügen und Hühner Kraftbouillon einstreuen. Ketchup unterrühren und ca. 2 Minuten kochen lassen. Fix Soßenbinder einrühren und 1 Minute kochen lassen. Mit restlicher Sojasoße und evtl. etwas Salz abschmecken.

4. Inzwischen Kartoffelknödel in kochendem Wasser 7 Minuten garen, herausnehmen und zum Putengulasch servieren. Mit Schnittlauch bestreuen.

Tipp: Mit Korianderblättchen garnieren.

Speck-Linsen-Sauce
zu Semmelknödeln

Zubereitung:

1. Zwiebel schälen und in feine Würfel schneiden. Zwiebel in einem Topf im heißen Keimöl anbraten, Speckwürfel zufügen und mitbraten. Oregano waschen und die Blättchen abzupfen. Tomatenstücke und Oregano zufügen und bei schwacher Hitze ca. 10 Minuten garen. Abgetropfte Linsen zufügen und heiß werden lassen.

2. Speck-Linsen-Sauce mit Salz, Pfeffer und Zucker abschmecken.

3. Inzwischen Semmelknödel in kochendes Wasser geben und bei schwacher Hitze 5 Minuten garen. Knödel in ein Sieb abgießen und zur Sauce servieren.

Zubereitungszeit:
ca. 25 Minuten

Zutaten für 3 Portionen:
1 Zwiebel
1 EL Keimöl
50 g magere Speckwürfel
3 Zweige frischer Oregano (oder 1 TL getrockneter Oregano)
1 Packung KNORR Tomato al Gusto Tomaten in Stückchen (500 g)
1 Dose Linsen (Abtropfgewicht 265 g)
Salz, Pfeffer, Zucker
1 Packung PFANNI Mini-Knödel „Semmelknödel“

Nährwerte pro Portion:
kcal: 302, kJ: 1288
Eiweiss (in g): 13
Fett (in g): 7
Kohlenhydrate (in g): 47

Rindersteak mit karamellisierten Schalotten

Zubereitungszeit:
ca. 25 Minuten

Zutaten für 3 Portionen:
200 g Schalotten
1 EL Margarine
1 EL Zucker
Salz
3 Rindersteaks (à 150 g)
1 EL Keimöl
Pfeffer
70 ml Rotwein
1 Innenpäckchen KNORR Bratensoße extra (aus dem 3er Pack)
1 Packung PFANNI Mini-Knödel „Semmelknödel"

Nährwerte pro Portion:
kcal: 511, kJ: 2147
Eiweiss (in g): 41
Fett (in g): 16
Kohlenhydrate (in g): 47

Zubereitung:

1. Schalotten schälen und evtl. halbieren. Margarine in einem kleinen Topf erhitzen, Schalotten zufügen und bei schwacher bis mittlerer Hitze ca. 15 Minuten braten. Zucker zufügen und karamellisieren lassen. Mit etwas Salz abschmecken.

2. Rindersteaks in einer Pfanne im heißen Keimöl von beiden Seiten braten, mit Salz und Pfeffer würzen, herausnehmen und warm stellen. Rotwein in die Pfanne gießen und einkochen lassen. 1/4 l (250 ml) Wasser zufügen, Päckcheninhalt Bratensoße einrühren und unter Rühren aufkochen. Nach Belieben mit Rotwein abschmecken.

3. Inzwischen die Semmelknödel in kochendes Wasser geben und bei schwacher Hitze 5 Minuten garen. Knödel in ein Sieb abgießen.

4. Semmelknödel zu den Rindersteaks mit Rotweinsauce und karamellisierten Schalotten servieren.

Dazu passen grüne Bohnen.

Sherry-Huhn

Zubereitung:

1. Frühlingszwiebeln putzen, waschen und in 2 cm lange Stücke schneiden. In einer Pfanne im heißen Keimöl Hähnchenbrustfilets von beiden Seiten braten. Mit Salz und Pfeffer würzen, herausnehmen und warm stellen.

2. 200 ml Wasser, Sherry und Sahne oder Cremefine in die Pfanne gießen und aufkochen. Hühner Kraftbouillon zufügen. Soßenbinder einstreuen und 1 Minute kochen lassen. Mit Salz und Pfeffer abschmecken. Hähnchenbrustfilets und Frühlingszwiebeln zufügen und bei mittlerer bis schwacher Hitze ca. 5 Minuten köcheln lassen.

3. Inzwischen Semmelknödel ins kochende Wasser geben und bei schwacher Hitze 5 Minuten garen. Knödel in ein Sieb abgießen und zum Sherry-Huhn servieren.

Zubereitungszeit:
ca. 30 Minuten

Zutaten für 3 Portionen:
3 Frühlingszwiebeln
1 EL Keimöl
3 Hähnchenbrustfilets (à 150 g)
Salz, Pfeffer
50 ml Sherry (medium)
50 ml Schlagsahne oder RAMA Cremefine zum Kochen
1 TL KNORR Hühner Kraftbouillon
2 EL MONDAMIN Fix Soßenbinder, hell
1 Packung PFANNI Mini-Knödel „Semmelknödel“

Tipp: Mit roten Pfefferbeeren garnieren.

Nährwerte pro Portion:
kcal: 466, kJ: 1959
Eiweiss (in g): 42
Fett (in g): 11
Kohlenhydrate (in g): 45

Schlemmer-Gulasch

Zubereitungszeit:
ca. 1 Std. 30 Min.

Zutaten für 3 Portionen:
400 g Gulaschfleisch (Rind, Schwein gemischt)
1 EL Keimöl
1 Beutel KNORR Fix für Schlemmer Geschnetzeltes
1 Zucchini (ca. 300 g)
1 Packung PFANNI Mini-Knödel „Kartoffelknödel"
2 EL RAMA Cremefine zum Verfeinern oder Crème fraîche

Nährwerte pro Portion:
kcal: 589, kJ: 2461
Eiweiß (in g): 36
Fett (in g): 27
Kohlenhydrate (in g): 50

Zubereitung:

1. Fleisch in einem Topf im heißen Keimöl rundherum anbraten. 350 ml Wasser zufügen, Beutelinhalt Fix für Schlemmer Geschnetzeltes einrühren und im geschlossenen Topf bei schwacher Hitze 1 bis 1 1/2 Stunden garen.

2. Zucchini putzen, waschen und in Würfel schneiden. 15 Minuten vor Ende der Garzeit Zucchini und ungegarte Kartoffelknödel zufügen.

3. Gulasch mit Cremefine oder Crème fraîche verfeinern und servieren.

Tipp: Mit gehackter Petersilie bestreut servieren.

Zubereitungszeit:
ca. 35 Minuten

Zutaten für 3 Portionen:
250 g Leberkäse
1 rote Paprikaschote
1 Gemüsezwiebel
1 Bund Schnittlauch
1-2 EL Keimöl
1 TL KNORR Fleisch Suppe
Salz, Pfeffer
1 Packung PFANNI Mini-Knödel „Kartoffelknödel"
20 g Margarine oder Butter
1 TL mittelscharfer Senf

Nährwerte pro Portion:
kcal: 619, kJ: 2587
Eiweiß (in g): 22
Fett (in g): 36
Kohlenhydrate (in g): 50

Leberkäse-Pfanne

Zubereitung:

1. Leberkäse in Streifen schneiden. Paprika halbieren, entkernen und waschen. Zwiebel schälen. Beides ebenfalls in Streifen schneiden. Schnittlauch waschen, trockentupfen und in Ringe schneiden.

2. Leberkäse, Paprika und Zwiebel in einer Pfanne im heißen Keimöl braten. 1/8 l (125 ml) Wasser zufügen und Fleisch Suppe einrühren. Mit Salz und Pfeffer abschmecken und mit Schnittlauch bestreuen.

3. Inzwischen Kartoffelknödel in kochendem Wasser 7 Minuten garen, in ein Sieb abgießen. Margarine in einer Pfanne leicht bräunen, Senf zufügen und glatt rühren. Knödel in die Pfanne geben und kurz darin schwenken. Knödel zur Leberkäse-Pfanne servieren.

Geflügelgeschnetzeltes
mit Kartoffelknödeln

Nährwerte pro Portion:
kcal: 495, kJ: 2070
Eiweiß (in g): 31
Fett (in g): 19
Kohlenhydrate (in g): 48

Zubereitungszeit:
ca. 35 Minuten

Zutaten für 3 Portionen:
300 g Hähnchenbrustfilet
200 g Lauch (Porree)
1-2 EL Keimöl
50 ml Schlagsahne oder RAMA Cremefine zum Kochen
1 Innenpäckchen KNORR Rahmbraten Soße (aus dem 2er Pack)
1 Packung PFANNI Mini-Knödel „Kartoffelknödel“

Zubereitung:

1. Hähnchenbrustfilet in Würfel schneiden. Lauch putzen, waschen und in ca. 2 cm breite Ringe schneiden.

2. Hähnchenwürfel in einer Pfanne im heißen Keimöl braten, Lauch zufügen und mitbraten. 1/4 l (250 ml) Wasser und Sahne oder Cremefine in die Pfanne gießen. Päckcheninhalt Rahmbraten Soße einrühren und 1 Minute kochen lassen.

3. Inzwischen Kartoffelknödel in kochendem Wasser 7 Minuten garen, herausnehmen und dazu reichen.

Hähnchen-Mango-Pfanne

Zubereitungszeit: ca. 30 Minuten

Zutaten für 3 Portionen:
450 g Hähnchenbrustfilet
1 kleine rote Chilischote
1 walnussgroßes Stück Ingwerwurzel
1 reife Mango
2 EL Keimöl
1 Dose Kokosmilch (400 ml)
Salz, Pfeffer
1 Packung PFANNI Mini-Knödel „Kartoffelknödel“

Zubereitung:

1. Hähnchenbrustfilet in Würfel schneiden. Chilischote längs aufschneiden, entkernen, waschen und in feine Ringe schneiden. Ingwer schälen und fein hacken. Mango schälen, Fruchtfleisch vom Kern schneiden und in Spalten schneiden.

2. Hähnchenbrust in einer Pfanne im heißen Keimöl anbraten. Chilischote und Ingwer zufügen und mitbraten. Kokosmilch zufügen und aufkochen lassen. Bei mittlerer Hitze kochen, bis die gewünschte Konsistenz erreicht ist. Mangospalten zufügen und heiß werden lassen. Mit Salz und Pfeffer abschmecken.

3. Inzwischen Kartoffelknödel in kochendem Wasser 7 Minuten garen und herausnehmen. Knödel zur Hähnchen-Mango-Pfanne servieren.

Tipp: Mit Koriander bestreut servieren.

Nährwerte pro Portion:
kcal: 563, kJ: 2353
Eiweiß (in g): 42
Fett (in g): 17
Kohlenhydrate (in g): 59

Putenschnitzelchen in Salbeisoße

Zubereitung:

1. Putenschnitzel in je 2-3 Stücke schneiden und in einer Pfanne im heißen Keimöl braten. Mit Salz und Pfeffer würzen, herausnehmen und warm stellen.

2. Salbei in die Pfanne geben. 1/8 l (125 ml) Wasser und Sahne oder Cremefine zufügen und aufkochen. Hühner Kraftbouillon zufügen und nach Belieben mit Soßenbinder binden. Mit Salz und Pfeffer abschmecken.

3. Inzwischen Kartoffelknödel in kochendem Wasser 7 Minuten garen. Herausnehmen und zu den Schnitzelchen mit Salbeisoße servieren.

Dazu passt ein gemischter grüner Salat.

Zubereitungszeit:
ca. 30 Minuten

Zutaten für 3 Portionen:
3 Putenschnitzel (à 150 g)
1-2 EL Keimöl
Salz, Pfeffer
9 Salbeiblätter
100 ml Schlagsahne oder RAMA Cremefine zum Kochen
1 TL KNORR Hühner Kraftbouillon
evtl. MONDAMIN Fix Soßenbinder, hell
1 Packung PFANNI Mini-Knödel „Kartoffelknödel“

Nährwerte pro Portion:
kcal: 584, kJ: 2440
Eiweiß (in g): 43
Fett (in g): 26
Kohlenhydrate (in g): 43

Zubereitungszeit:
ca. 30 Minuten

Zutaten für 3 Portionen:
1 Zwiebel
3 Hähnchenbrustfilets (à 150 g)
1 EL Keimöl
Salz, Pfeffer
1/8 l (125 ml) Milch
1/8 l (125 ml) Schlagsahne
100 g Gorgonzola
evtl. Fix Soßenbinder, hell
1 Packung
PFANNI Mini-Knödel
„Kartoffelknödel"

Hähnchenbrustfilet mit Gorgonzolasoße

Nährwerte pro Portion:
kcal: 709, kJ: 2968
Eiweiß (in g): 50
Fett (in g): 36
Kohlenhydrate (in g): 45

Zubereitung:

1. Zwiebel schälen und fein würfeln. Hähnchenbrustfilets in einer Pfanne im heißen Keimöl von beiden Seiten braten, salzen, pfeffern, herausnehmen und warm stellen.

2. Zwiebel im restlichen Bratfett braten. Milch und Sahne zufügen und aufkochen. Käse zugeben und unterrühren. Mit Salz und Pfeffer abschmecken. Nach Belieben mit Soßenbinder binden.

3. Inzwischen Kartoffelknödel in kochendem Wasser 7 Minuten garen, herausnehmen. Knödel mit Hähnchenbrust und Gorgonzolasoße servieren.

Tipp: Knödel in fein gewürfelter roter Paprika und Petersilie wälzen.

AUFLÄUFE

Ofenfrisches einmal anders!
Mini-Knödel machen aus Aufläufen und Gratins eine schnelle, runde Sache. Einfach und unkompliziert in der Zubereitung bleibt viel Zeit zum Plaudern mit den Gästen.

Schweinemedaillons
im Speckmantel

Zubereitung:

1. Schweinefilet in 8 Stücke schneiden, pfeffern und mit je einer Scheibe Frühstücksspeck umwickeln.

2. Tomatenstücke mit Kräutern verrühren und mit Salz, Pfeffer und Zucker abschmecken.

3. Kartoffelknödel ungegart in eine Auflaufform geben. Tomatenstückchen gleichmäßig darüber verteilen. Schweinemedaillons zwischen die Knödel geben. Crème fraîche als Kleckse darübergeben.

4. Im vorgeheizten Backofen bei 200 °C (Umluft: 175 °C) ca. 30 Minuten garen.

Nährwerte pro Portion (1 von 4):
kcal: 395, kJ: 1668
Eiweiß (in g): 30
Fett (in g): 14
Kohlenhydrate (in g): 37

Zubereitungszeit:
ca. 40 Minuten

Backzeit: ca. 30 Minuten

Zutaten für 3-4 Portionen:
350 g Schweinefilet
Pfeffer
8 Scheiben Frühstücksspeck (ca. 125 g)
1 Packung KNORR Tomato al Gusto Tomaten in Stückchen (500 g)
3 TL getrocknete italienische Kräuter
Salz
1 TL Zucker
1 Packung PFANNI Mini-Knödel „Kartoffelknödel“
2 EL Crème fraîche

Zucchini-Knödel-Gratin

Zubereitung:

1. Zucchini putzen und waschen. Jede Zucchini der Länge nach in 10 dünne Scheiben schneiden. Zucchinischeiben in kochendem Salzwasser 1-2 Minuten kochen, herausnehmen und mit kaltem Wasser abschrecken.

2. Jeweils einen ungegarten Kartoffelknödel mit einer Zucchinischeibe umwickeln und nebeneinander in eine Auflaufform setzen.

3. Milch mit dem Thymian aufkochen. Klassische Mehlschwitze einrühren und 1 Minute kochen lassen. Mit Salz und Pfeffer abschmecken. Soße über die Zucchini-Knödel geben.

4. Tomate waschen, entkernen und in Würfel schneiden. Tomatenwürfel über die Zucchiniröllchen streuen und mit Käse bestreuen. Im vorgeheizten Backofen bei 200 °C (Umluft: 175 °C) ca. 30 Minuten backen.

Tipp: Mit frischem Thymian bestreut servieren.

Zubereitungszeit:
ca. 45 Minuten

Backzeit: ca. 30 Minuten

Zutaten für 3-4 Portionen:
2 große Zucchini (ca. 600 g)
Salz
1 Packung PFANNI Mini-Knödel „Kartoffelknödel"
3/4 l (750 ml) Milch
2 TL getrockneter Thymian
3 EL MONDAMIN Klassische Mehlschwitze, hell
Pfeffer
1 große Tomate
50 g geriebener Gouda

Nährwerte pro Portion (1 von 3):
kcal: 590, kJ: 2475
Eiweiß (in g): 22
Fett (in g): 27
Kohlenhydrate (in g): 64

Pikanter Sauer-krautauflauf

Zubereitungszeit: ca. 60 Minuten

Backzeit: ca. 35 Minuten

Zutaten für 4-6 Portionen:
500 g Hackfleisch
2 EL RAMA Culinesse Pflanzencreme
Salz, Pfeffer
1 Msp. Nelkenpulver
1 Msp. gemahlener Piment
1 Dose Sauerkraut (Abtropfgewicht 770 g)
1 Packung PFANNI Mini-Knödel „Kartoffelknödel“
250 ml RAMA Cremefine zum Kochen
50 g geriebener Emmentaler

Zubereitung:

1. Hackfleisch in einer Pfanne in der heißen Pflanzencreme krümelig braten. Mit Salz, Pfeffer, Nelkenpulver und Piment kräftig würzen. Sauerkraut in ein Sieb abgießen und leicht ausdrücken.

2. Eine große Auflaufform dünn mit Pflanzencreme ausstreichen, Sauerkraut einfüllen und das Hackfleisch darauf verteilen. Kartoffelknödel ungegart auf der Hackmasse verteilen und leicht hineindrücken.

3. Cremefine und Käse miteinander verrühren und gleichmäßig über den Auflauf gießen. Im vorgeheizten Backofen bei 200 °C (Umluft: 175 °C) ca. 35 Minuten backen.

Nährwerte pro Portion (1 von 6):
kcal: 450, kJ: 1876
Eiweiß (in g): 24
Fett (in g): 28
Kohlenhydrate (in g): 25

Auflauf à la Ratatouille

Zubereitungszeit: ca. 45 Minuten

Backzeit: ca. 30 Minuten

Zutaten für 3-4 Portionen:
300 g Zucchini
je 1 gelbe und rote Paprikaschote
1 Packung PFANNI Mini-Knödel „Kartoffelknödel"
1/4 l (250 ml) Milch
1 TL getrocknete italienische Kräuter
1 EL MONDAMIN Klassische Mehlschwitze, hell
100 g Doppelrahm-Frischkäse
Salz, Pfeffer
50 g geriebener Gouda

Nährwerte pro Portion (1 von 4):
kcal: 429, kJ: 1798
Eiweiß (in g): 15
Fett (in g): 22
Kohlenhydrate (in g): 43

Zubereitung:

1. Zucchini putzen, waschen und in Scheiben schneiden. Paprika halbieren, entkernen, waschen und in Stücke schneiden. Gemüse zusammen mit den ungegarten Kartoffelknödeln in eine Auflaufform geben.

2. Milch mit Kräutern in einem Topf aufkochen. Klassische Mehlschwitze einrühren und 1 Minute kochen lassen. Frischkäse unterrühren und mit Salz und Pfeffer abschmecken.

3. Die Soße gleichmäßig über das Gemüse und die Knödel verteilen und mit Käse bestreuen. Im vorgeheizten Backofen bei 200 °C (Umluft: 175 °C) ca. 30 Minuten backen.

Gemüsequiche

Zubereitungszeit:
ca. 50 Minuten
Backzeit:
ca. 35 Minuten

Zutaten für 4-6 Portionen:
8 Stangen grüner Spargel
200 g Möhren
Salz
1 Packung rund aufgerollter Blätterteig (aus dem Kühlregal)
1 Packung PFANNI Mini-Knödel „Semmelknödel“
3 Eier
200 ml RAMA Cremefine zum Kochen
2 EL gehackte Kräuter (Basilikum, Petersilie, Schnittlauch)
Pfeffer

Nährwerte pro Portion (1 von 6):
kcal: 352, kJ: 1471
Eiweiss (in g): 10
Fett (in g): 19
Kohlenhydrate (in g): 35

Zubereitung:

1. Spargel am unteren Stangendrittel schälen, die Enden abschneiden. Möhren schälen und in 1 cm dicke und 3 cm lange Stifte schneiden. Spargel und Möhren in einem Topf in reichlich kochendem Salzwasser 5 Minuten garen. Gemüse in ein Sieb abgießen.

2. Blätterteig auseinander rollen und eine Quiche- oder Springform (26 cm Durchmesser) damit auskleiden. Spargel, Möhren und ungegarte Semmelknödel auf dem Teig verteilen.

3. Eier mit Cremefine verrühren. Kräuter zufügen und mit Salz und Pfeffer kräftig würzen. Masse über die Quiche gießen.

4. Im vorgeheizten Backofen bei 200 °C (Umluft: 175 °C) ca. 35 Minuten backen.

Tipp: Wer es gerne herzhafter mag, gibt zusätzlich 50 g in Streifen geschnittenen rohen Schinken dazu.

Zubereitungszeit:
ca. 40 Minuten
Backzeit:
ca. 30 Minuten

Zutaten für 3-4 Portionen:
500 g Broccoli
100 g Cocktailtomaten
1 Beutel KNORR Fix für Nudel-Broccoli Auflauf
100 ml Schlagsahne oder RAMA Cremefine zum Kochen
1 Packung PFANNI Mini-Knödel „Semmelknödel"
1 EL Sonnenblumenkerne
50 g geriebener Comté

Broccoli-Knödel-Auflauf

Zubereitung:

1. Broccoli putzen und in Röschen teilen. Tomaten waschen.

2. Beutelinhalt Fix für Nudel-Broccoli Auflauf in einem Topf in 400 ml Wasser und Sahne oder Cremefine einrühren. Unter Rühren kurz aufkochen.

3. Ungegarte Semmelknödel und Broccoliröschen in einer Auflaufform verteilen. Sauce gleichmäßig darüber geben. Tomaten darauf verteilen. Mit Sonnenblumenkernen und Käse bestreuen.

4. Im vorgeheizten Backofen bei 200 °C (Umluft: 175 °C) ca. 30 Minuten backen.

Tipp: Der Auflauf lässt sich auch gut in zwei kleineren Auflaufformen zubereiten.

Nährwerte pro Portion (1 von 3):
kcal: 475, kJ: 2000
Eiweiss (in g): 18
Fett (in g): 24
Kohlenhydrate (in g): 48

Gratinierter Spinatauflauf

Nährwerte pro Portion:
kcal: 521, kJ: 2185
Eiweiß (in g): 21
Fett (in g): 25
Kohlenhydrate (in g): 50

Zubereitungszeit:
ca. 40 Minuten
Backzeit: ca. 30 Minuten

Zutaten für 3 Portionen:
340 g tiefgekühlter Blattspinat (z.B. iglo)
Salz, Pfeffer
200 ml Milch
200 g Sahneschmelzkäse
1 EL MONDAMIN Klassische Mehlschwitze, hell
1 Packung PFANNI Mini-Knödel „Kartoffelknödel"

Zubereitung:

1. Blattspinat in einem Topf oder der Mikrowelle auftauen. Mit Salz und Pfeffer kräftig würzen. Milch aufkochen, Schmelzkäse zufügen und glatt rühren. Mehlschwitze einrühren und 1 Minute kochen lassen. Mit Salz und Pfeffer abschmecken.

2. Spinat und ungegarte Kartoffelknödel in eine Auflaufform geben. Käsesoße gleichmäßig darübergießen und im vorgeheizten Backofen bei 200 °C (Umluft: 175 °C) ca. 30 Minuten backen.

Tipp: Vor dem Backen zusätzlich mit 30 g Schinkenwürfeln bestreuen.

HITS FÜR KIDS

„Hunger wie ein Bär"? Kein Problem für die jungen Köche von morgen. Sie zeigen euch, wie Knödel & Co. ruck, zuck, superlecker und kinderleicht zuzubereiten sind. Klein, aber oho: Die Kunststücke der Knödel-Köche bringen garantiert auch Mama und Papa zum Staunen!

Cocio

Gefüllte Hackbällchen

Zubereitung:

1. Hackfleisch mit Salz und Pfeffer würzen. Entsprechend der Anzahl der Mozzarellakugeln die Hackfleischmasse portionieren. Mit feuchten Händen kleine Bällchen formen. Jedes Bällchen mit einer Mozzarellakugel füllen und gut verschließen.

2. In einer Pfanne im heißen Keimöl die Hackbällchen rundherum braten und aus der Pfanne nehmen. 1/2 l (500 ml) Wasser in die Pfanne gießen. Inhalt beider Päckchen Rahmbraten Soße einrühren, unter Rühren aufkochen und 1 Minute kochen lassen. Hackbällchen in die Soße geben und bei schwacher Hitze ca. 10 Minuten garen.

3. Inzwischen Kartoffelknödel in kochendem Wasser 7 Minuten garen, herausnehmen und zu den gefüllten Hackbällchen servieren.

Nährwerte pro Portion (1 von 4):
kcal: 574, kJ: 2400
Eiweiß (in g): 31
Fett (in g): 33
Kohlenhydrate (in g): 38

Zubereitungszeit: ca. 30 Minuten

Zutaten für 3-4 Portionen:
400 g Hackfleisch
Salz, Pfeffer
1 Packung Mini-Mozzarellakugeln
1-2 EL Keimöl
2er Pack KNORR Rahmbraten Soße
1 Packung PFANNI Mini-Knödel „Kartoffelknödel“

Geflügelfrikadelle mit süßer Senfsauce

Zubereitung:

1. Hähnchenfleisch würfeln und portionsweise im Blitzhacker zerkleinern. Beutelinhalt Fix für Hackbraten in 1/8 l (125 ml) lauwarmes Wasser einrühren. Hähnchenfleisch, Frischkäse und Semmelbrösel dazugeben und gut vermischen. 12 kleine Frikadellen formen.

2. Frikadellen im heißen Keimöl von beiden Seiten braten, herausnehmen und warm stellen.

3. Schalotten schälen, fein würfeln und im restlichen heißen Bratfett dünsten. 150 ml Wasser und Sahne oder Cremefine zufügen und aufkochen. Hühner Kraftbouillon einstreuen. Soßenbinder einrühren und 1 Minute kochen lassen. Senf unterrühren. Mit Salz und Pfeffer abschmecken.

4. Inzwischen Semmelknödel ins kochende Wasser geben und bei schwacher Hitze 5 Minuten garen. Knödel in ein Sieb abgießen und zu den Frikadellen servieren.

Zubereitungszeit:
ca. 30 Minuten

Zutaten für 3 Portionen:
400 g Hähnchenbrustfilet
1 Beutel KNORR Fix für Hackbraten
80 g Doppelrahm-Frischkäse
2 EL Semmelbrösel
2 EL Keimöl
2 Schalotten oder kleine Zwiebeln
100 ml Schlagsahne oder RAMA Cremefine zum Kochen
1 TL KNORR Hühner Kraftbouillon
1 EL MONDAMIN Fix Soßenbinder, hell
2 TL süßer körniger Senf
Salz, weißer Pfeffer
1 Packung PFANNI Mini-Knödel „Semmelknödel"

Tipp: Mit Kresse bestreut servieren.

Nährwerte pro Portion:
kcal: 712, kJ: 2992
Eiweiss (in g): 46
Fett (in g): 30
Kohlenhydrate (in g): 65

Würstchengulasch

Nährwerte pro Portion:
kcal: 550, kJ: 2311
Eiweiss (in g): 22
Fett (in g): 29
Kohlenhydrate (in g): 51

Zubereitungszeit:
ca. 20 Minuten

Zutaten für 3 Portionen:
250 g Fleischwurst
1 EL Keimöl
1 Beutel KNORR Fix für Würstchen Gulasch
100 g tiefgekühlte Erbsen
100 g Mais (aus der Dose)
1 Packung PFANNI Mini-Knödel „Semmelknödel"

Zubereitung:

1. Von der Fleischwurst die Haut entfernen und in 1 cm dicke Scheiben schneiden. Scheiben halbieren und in einem Topf im heißen Keimöl anbraten.

2. 350 ml Wasser zufügen und Beutelinhalt Fix für Würstchen Gulasch einrühren, aufkochen lassen. Erbsen und Mais zufügen und bei schwacher Hitze ca. 5 Minuten garen. Ab und zu umrühren.

3. Inzwischen Semmelknödel ins kochende Wasser geben und bei schwacher Hitze 5 Minuten garen. Knödel in ein Sieb abgießen. Mit Knödeln und Würstchengulasch ein lustiges Gesicht auf Tellern anrichten. Für die Haare Kresse verwenden.

Kartoffelknödel mit Erbsen-Schinken-Soße

Zubereitungszeit:
ca. 25 Minuten

Zutaten für 3 Portionen:
1 Zwiebel
100 g gekochter Schinken
1 EL Keimöl
1/4 l (250 ml) Milch
1/8 l (125 ml) Schlagsahne oder RAMA Cremefine zum Kochen
300 g tiefgekühlte Erbsen
1 EL MONDAMIN Fix Soßenbinder, hell
Salz, Pfeffer
1 Packung PFANNI Mini-Knödel „Kartoffelknödel"

Zubereitung:

1. Zwiebel schälen und fein würfeln. Schinken in Streifen schneiden.

2. Zwiebel in einer Pfanne im heißen Keimöl anbraten. Milch und Sahne oder Cremefine zufügen und aufkochen. Erbsen dazugeben und bei schwacher Hitze ca. 3 Minuten kochen lassen. Soßenbinder einrühren und 1 Minute kochen lassen. Schinken zufügen und heiß werden lassen. Mit Salz und Pfeffer abschmecken.

3. Inzwischen Kartoffelknödel in kochendem Wasser 7 Minuten garen und herausnehmen. Erbsen-Schinken-Soße zu den Knödeln servieren.

Nährwerte pro Portion:
kcal: 597, kJ: 2504
Eiweiß (in g): 21
Fett (in g): 27
Kohlenhydrate (in g): 67

Kartoffelknödel mit Champignon-Rahmsoße

Zubereitung:

1. Champignons putzen und in Scheiben schneiden. Schnittlauch waschen, trockentupfen und einen Teil in Röllchen schneiden.

2. Champignons in einem Topf im heißen Keimöl braten. 400 ml Wasser zufügen und den Inhalt beider Päckchen der Champignon Rahmsoße einrühren. Unter Rühren aufkochen, Sahne oder Cremefine zufügen und 1 Minute kochen lassen. Schnittlauchröllchen unterrühren.

3. Inzwischen Kartoffelknödel in kochendem Wasser 7 Minuten garen und herausnehmen.

4. Mit den Knödeln, der Champignon-Rahmsoße und den restlichen Schnittlauchhalmen ein witziges Gesicht dekorieren.

Nährwerte pro Portion (1 von 3):
kcal: 474, kJ: 1986
Eiweiß (in g): 9
Fett (in g): 25
Kohlenhydrate (in g): 53

Zubereitungszeit:
ca. 25 Minuten

Zutaten für 2-3 Portionen:
100 g Champignons
1/2 Bund Schnittlauch
1 EL Keimöl
2er Pack KNORR Champignon Rahmsoße zu Schnitzel
100 ml Schlagsahne oder RAMA Cremefine zum Kochen
1 Packung PFANNI Mini-Knödel „Kartoffelknödel“

Rahmgemüse
mit Semmelknödeln

Zubereitungszeit:
ca. 25 Minuten

Zutaten für 3 Portionen:
200 g weißer Spargel
200 g Möhren
Salz
150 g tiefgekühlte Erbsen
2 Innenpäckchen KNORR Helle Soße (aus dem 3er Pack)
Geriebene Muskatnuss
1 Packung PFANNI Mini-Knödel „Semmelknödel"

Tipp: Die gegarten Semmelknödel auf Holzspieße stecken und servieren.

Zubereitung:

1. Spargel schälen, die Enden abschneiden und in 3 cm lange Stücke schneiden. Möhren schälen und schräg in Scheiben schneiden. Spargel und Möhren in einem Topf in kochendem Salzwasser 5 Minuten garen. Das Gemüse in ein Sieb abgießen, dabei das Gemüsekochwasser auffangen.

2. 1/2 l (500 ml) Gemüsekochwasser in einem Topf aufkochen, Inhalt beider Päckchen Helle Soße einrühren und 1 Minute kochen lassen. Spargel, Möhren und Erbsen zufügen und 3 Minuten bei schwacher Hitze garen. Mit Salz und Muskatnuss abschmecken.

3. Inzwischen Semmelknödel ins kochende Wasser geben und bei schwacher Hitze 5 Minuten garen. Knödel in ein Sieb abgießen und zum Rahmgemüse servieren.

Nährwerte pro Portion:
kcal: 340, kJ: 1435
Eiweiss (in g): 11
Fett (in g): 6
Kohlenhydrate (in g): 60

Kartoffelknödel-Ei-Pfanne

Zubereitung:

1. Kartoffelknödel in kochendem Wasser 7 Minuten garen, in ein Sieb abgießen. Zwiebel schälen und in Würfel schneiden. Speck in Streifen schneiden. Schnittlauch waschen, trockentupfen und in Ringe schneiden. Tomate waschen, entkernen und würfeln.

2. Zwiebel und Speck in einer Pfanne im heißen Keimöl anbraten, Knödel zufügen und goldgelb braten.

3. Eier verrühren und Schnittlauchröllchen zufügen. Mit Salz und Pfeffer würzen.

4. Eimasse über die Knödel gießen. Zugedeckt bei schwacher Hitze ca. 15 Minuten stocken lassen. Tomatenwürfel kurz vor dem Servieren über die Knödel streuen.

Zubereitungszeit:
ca. 35 Minuten

Zutaten für 2-3 Portionen:
1 Packung PFANNI Mini-Knödel „Kartoffelknödel"
1 Zwiebel
50 g Frühstücksspeck
1 Bund Schnittlauch
1 Tomate
1-2 EL Keimöl
5 Eier
Salz, Pfeffer

Nährwerte pro Portion (1 von 3):
kcal: 488, kJ: 2042
Eiweiß (in g): 20
Fett (in g): 26
Kohlenhydrate (in g): 44

Hackbällchen
in Spargelcreme-Sauce

Zubereitung:

1. Spargel schälen, die Enden abschneiden und in 3 cm lange Stücke schneiden. Spargel in einem Topf in reichlich Salzwasser ca. 8 Minuten garen. Spargel in ein Sieb abgießen, Spargelwasser dabei auffangen. Frühlingszwiebeln putzen, waschen und in Ringe schneiden. Tomate waschen und in Spalten schneiden.

2. Hackfleisch mit Salz und Pfeffer würzen und kleine Hackbällchen daraus formen. Hackbällchen in einem Topf im heißen Keimöl rundherum braten, herausnehmen und warm stellen. 1/4 l (250 ml) Spargelkochwasser und Sahne oder Cremefine in den Topf geben, aufkochen, Soßenbinder einrühren und 1 Minute kochen lassen. Mit Salz und Pfeffer abschmecken. Hackbällchen, Spargelstücke, Frühlingszwiebelringe und Tomatenspalten zufügen und bei schwacher Hitze 3 Minuten kochen lassen.

3. Inzwischen Semmelknödel ins kochende Wasser geben und bei schwacher Hitze 5 Minuten garen. Knödel in ein Sieb abgießen und zu den Hackbällchen in Spargelcreme-Sauce servieren.

Tipp: Mit Petersilie garnieren.

Zubereitungszeit:
ca. 30 Minuten

Zutaten für 3 Portionen:
500 g weißer Spargel
Salz
2 Frühlingszwiebeln
1 Tomate
200 g Hackfleisch
Pfeffer
1 EL Keimöl
50 ml Schlagsahne oder RAMA Cremefine zum Kochen
3 EL MONDAMIN Fix Soßenbinder, hell
1 Packung PFANNI Mini-Knödel „Semmelknödel“

Nährwerte pro Portion:
kcal: 487, kJ: 2046
Eiweiss (in g): 22
Fett (in g): 22
Kohlenhydrate (in g): 50

Mild-cremige Tomatensoße

Zubereitung:

1. Tomaten waschen und in Würfel schneiden. Zwiebel schälen und fein würfeln.

2. Zwiebel in einem Topf im heißen Olivenöl anbraten. Tomaten und Thymian zufügen und zugedeckt bei schwacher Hitze 5-10 Minuten kochen lassen.

3. Inzwischen Kartoffelknödel in kochendem Wasser 7 Minuten garen und herausnehmen.

4. Sahne unter die Tomatensoße rühren. Mit Salz, Pfeffer und Zucker abschmecken. Soße nach Belieben mit Soßenbinder binden. Knödel zur Tomatensoße servieren.

Zubereitungszeit:
ca. 30 Minuten

Zutaten für 3 Portionen:
4-5 Tomaten
1 Zwiebel
1 EL Olivenöl
1 TL getrockneter Thymian
1 Packung
PFANNI Mini-Knödel
„Kartoffelknödel“
50 ml Schlagsahne
Salz, Pfeffer, Zucker
evtl. Fix Soßenbinder, hell

Nährwerte pro Portion:
kcal: 379, kJ: 1588
Eiweiß (in g): 7
Fett (in g): 17
Kohlenhydrate (in g): 48

Tipp: Mit Tomaten, Knödeln und einem Thymianzweig ein witziges Gesicht dekorieren.

SNACKS

Manchmal hat man einfach Lust auf einen Teller voller kleiner, bunter Köstlichkeiten. Beim Probieren unterschiedlicher Häppchen ganz langsam satt werden oder zwischendurch immer wieder ein bisschen naschen – mit leckeren, kleinen Snacks machen Sie auch (Party-)Gäste glücklich!

Pflaumen-Knödel im Speckmantel auf Rucola

Zubereitung:

1. Kartoffelknödel in kochendem Wasser 7 Minuten garen, in ein Sieb abgießen. Jeweils 1 Knödel und 1 Pflaume mit je 1 Speckscheibe umwickeln. Mit einem Holzspießchen feststecken.

2. Knödel-Spießchen in einer Pfanne im heißen Keimöl knusprig braten.

3. Rucola putzen, waschen und in mundgerechte Stücke zupfen. Essig und Öl verrühren und mit Salz und Pfeffer abschmecken.

4. Salat auf einer Platte anrichten. Spießchen daraufgeben und mit dem Dressing beträufeln.

Tipp: Die heißen Knödel in etwas Honig schwenken und dann mit Pflaume und Speck umwickeln.

Zubereitungszeit:
ca. 30 Minuten

Zutaten für 6 Portionen:
1 Packung
PFANNI Mini-Knödel
„Kartoffelknödel"
20 getrocknete Soft-Pflaumen
20 Scheiben Frühstücksspeck
1 TL Keimöl
200 g Rucola
2-3 EL Aceto Balsamico (Balsamessig)
4 EL Olivenöl
Salz, Pfeffer

Nährwerte pro Portion:
kcal: 365, kJ: 1523
Eiweiß (in g): 13
Fett (in g): 17
Kohlenhydrate (in g): 39

Knödel-Hawaii

Zubereitungszeit:
ca. 30 Minuten
Backzeit:
ca. 20 Minuten

Zutaten für 18-20 Stück:
1 Packung
PFANNI Mini-Knödel
„Semmelknödel"
2 Dosen Ananas
(Abtropfgewicht à 490 g)
1 Packung Schmelz-
käsescheiben (oder ca. 8-10
Scheiben Gouda)
8-10 Scheiben
Frühstücksspeck

Zubereitung:

1. Semmelknödel in kochendes Wasser geben und bei schwacher Hitze 5 Minuten garen, in ein Sieb abgießen.

2. Ananas in ein Sieb abgießen, gut abtropfen lassen. Käsescheiben halbieren. Ananasscheiben auf ein mit Backpapier ausgelegtes Backblech legen. Jeweils 1 Knödel auf eine Ananasscheibe geben und mit einer halben Käsescheibe belegen.

3. Im vorgeheizten Backofen bei 200 °C ca. 20 Minuten überbacken, bis der Käse leicht gebräunt ist. Inzwischen Frühstücksspeckscheiben halbieren und in einer Pfanne knusprig braten. Auf Küchenpapier legen.

4. Knödel-Hawaii auf Teller verteilen und mit dem knusprigen Speck belegen.

Tipp: Mit einem Klecks Preiselbeeren (aus dem Glas) servieren

Nährwerte pro Portion (1 von 18):
kcal: 132, kJ: 554
Eiweiss (in g): 5
Fett (in g): 4
Kohlenhydrate (in g): 19

Tomaten-Knödel-Mozzarella-Spießchen

Zubereitungszeit:
ca. 25 Minuten

Zutaten für 6 Portionen:
1 Packung
PFANNI Mini-Knödel
„Kartoffelknödel"
20 Cocktailtomaten
20 Basilikumblätter
20 Mini-Mozzarellakugeln
2 EL Balsamico bianco
(weißer Balsamessig)
3 EL Olivenöl
Salz, Pfeffer
2 EL BERTOLLI Pesto Rosso
(Tomatenpesto)

Außerdem:
bunte
Partyspieße

Zubereitung:

1. Kartoffelknödel in kochendem Wasser 7 Minuten garen, in ein Sieb abgießen.

2. Tomaten und Basilikum waschen und trockentupfen. Mozzarellakugeln abtropfen lassen. Jeweils Tomate, Mozzarellakugel und Knödel auf ein Spießchen stecken.

3. Essig mit Öl verrühren und mit Salz und Pfeffer abschmecken.

4. Spießchen auf eine Platte legen und mit dem Dressing beträufeln. Jeweils etwas Pesto auf die Mozzarellakugeln geben. Mit Basilikum garnieren.

Nährwerte pro Portion:
kcal: 282, kJ: 1178
Eiweiß (in g): 10
Fett (in g): 16
Kohlenhydrate (in g): 23

Überbackene Semmelknödel mit Preiselbeeren

Zubereitung:

1. Semmelknödel ins kochende Wasser geben und bei schwacher Hitze 5 Minuten garen. Knödel in ein Sieb abgießen, gut abtropfen lassen und in eine Auflaufform geben.

2. Camembert in Scheiben schneiden und auf den Knödeln verteilen. Im vorgeheizten Backofen bei 225 °C (Umluft: 200 °C) 8-10 Minuten überbacken.

3. Petersilie waschen, trockentupfen, Blättchen von den Stielen zupfen.

4. Überbackene Semmelknödel mit Preiselbeeren und Petersilie bestreut servieren.

Zubereitungszeit:
ca. 25 Minuten
Backzeit:
8-10 Minuten

Zutaten für 6 Portionen:
1 Packung
PFANNI Mini-Knödel
„Semmelknödel"
200 g Camembert
3 EL Preiselbeeren
(aus dem Glas)
1/2 Bund Petersilie

Nährwerte pro Portion:
kcal: 202, kJ: 850
Eiweiss (in g): 10
Fett (in g): 9
Kohlenhydrate (in g): 22

Knödel aus der **Folie**

Zubereitung:

1. Schafskäse in 2 cm große Würfel schneiden. Zucchini putzen und in Würfel schneiden. Tomaten waschen und halbieren. Pesto mit Olivenöl verrühren.

2. Ungegarte Semmelknödel, Gemüse, Schafskäse und Oliven auf 6 Stück Butterbrotpapier verteilen. Mit Salz und Pfeffer würzen. Kräuter waschen, Blättchen von den Stielen zupfen und auf die Päckchen verteilen. Mit dem Pesto beträufeln und das Butterbrotpapier an den oberen Enden verschließen und seitlich wie ein Bonbon verdrehen.

3. Im vorgeheizten Backofen bei 225 °C (Umluft: 200 °C) ca. 20 Minuten garen.

Zubereitungszeit:
ca. 35 Minuten
Backzeit: ca. 20 Minuten

Zutaten für 6 Päckchen:
200 g Schafskäse (Feta)
250 g Zucchini
250 g Cocktailtomaten
2 EL BERTOLLI Pesto di Ricotta
1 EL Olivenöl
1 Packung PFANNI Mini-Knödel „Semmelknödel"
12 schwarze Oliven
Salz, Pfeffer
frische Kräuter (Thymian, Oregano, Rosmarin) oder getrocknete Italienische Krauter

Nährwerte pro Päckchen:
kcal: 247, kJ: 1040
Eiweiss (in g): 10
Fett (in g): 14
Kohlenhydrate (in g): 21

Antipasti mit Kartoffelknödeln

Zubereitung:

1. Blumenkohl putzen, in Röschen teilen und waschen. Blumenkohlröschen zusammen mit den Kartoffelknödeln in kochendem Wasser 7 Minuten garen, in ein Sieb abgießen und gut abtropfen lassen. Champignons putzen.

2. Eier trennen. Mehl, Bier und Eigelb zu einem glatten Teig verrühren und 10 Minuten quellen lassen. Mit Salz würzen. Eiweiß steif schlagen und unter den Teig heben.

3. Für die Knoblauchsoße Joghurt mit Mayonnaise verrühren. Knoblauch schälen und dazupressen. Kräuter waschen, trockentupfen, fein hacken und unterrühren. Alles mit einem Stabmixer aufschlagen. Mit Salz und Pfeffer abschmecken.

4. In einer Fritteuse oder einem hohen Topf reichlich Öl auf ca. 170 °C erhitzen. Portionsweise Knödel und Gemüse durch den Teig ziehen und im heißen Öl goldgelb ausbacken. Auf Küchenpapier legen.

5. Knödel und Gemüse auf einer Platte anrichten und die Knoblauchsoße dazu servieren.

Zubereitungszeit:
ca. 40 Minuten

Zutaten für 8-10 Portionen:
1 kleiner Blumenkohl (ca. 500 g)
1 Packung PFANNI Mini-Knödel „Kartoffelknödel"
200 g kleine Champignons
Für den Teig:
4 Eier
300 g Mehl
1/4 l (250 ml) helles Bier
Salz
Für die Knoblauchsoße:
750 g Vollmilchjoghurt
100 g KNORR Salatmayonnaise
2 Knoblauchzehen
1/2 Bund Schnittlauch
1/2 Bund Petersilie
Salz, Pfeffer

Öl oder hoch erhitzbares Fett zum Ausbacken

Nährwerte pro Portion (1 von 10):
kcal: 652, kJ: 2701
Eiweiß (in g):11
Fett (in g): 48
Kohlenhydrate (in g): 39

Zweierlei gefüllte Tomaten
mit Kartoffelknödeln

Zubereitungszeit:
ca. 35 Minuten

Backzeit: 15-20 Minuten

Zutaten für 6-8 Portionen:
20 kleine Tomaten in Knödelgröße
Salz, Pfeffer
1/2 Bund Petersilie
1/2 Bund Schnittlauch
1 kleine Knoblauchzehe
250 g RAMA Cremefine zum Verfeinern oder Crème fraîche
2 EL Pesto Rosso (Tomatenpesto)
1 Packung PFANNI Mini-Knödel „Kartoffelknödel“
100 g geriebener Emmentaler

Zubereitung:

1. Tomaten waschen, einen Deckel abschneiden und aushöhlen. Tomaten innen salzen und pfeffern und in eine Auflaufform setzen. Kräuter waschen und trockentupfen. Petersilie fein hacken, Schnittlauch in Röllchen schneiden. Knoblauch schälen und ebenfalls fein hacken.

2. Für die erste Füllung die Hälfte der Cremefine oder Crème fraîche mit dem Pesto verrühren. Für die zweite Füllung unter die restliche Cremefine oder Crème fraîche Kräuter und Knoblauch rühren und mit Salz und Pfeffer würzen.

3. Jeweils etwas von einer der beiden Füllungen in die Tomaten geben. In jede Tomate 1 ungegarten Kartoffelknödel setzen und wieder etwas Füllung darübergeben. Tomaten mit Käse bestreuen.

4. Im vorgeheizten Backofen bei 220 °C (Umluft: 200 °C) 15-20 Minuten backen.

Nährwerte pro Portion (1 von 8):
kcal: 246, kJ: 1027
Eiweiß (in g): 8
Fett (in g): 15
Kohlenhydrate (in g): 20

Zubereitungszeit:
ca. 35 Minuten

Backzeit: ca. 20 Minuten

Zutaten für 10 Spieße:
300 g Zucchini
je 1 rote und gelbe Paprikaschote
10 Cocktailtomaten
200 g Schafskäse (Feta)
5 EL Olivenöl
2 TL getrocknete italienische Kräuter
Salz, Pfeffer
1 Packung PFANNI Mini-Knödel „Kartoffelknödel"
50 ml Aceto Balsamico (Balsamessig)
2-3 EL Zucker

Knödelige Gemüse-Spieße

Zubereitung:

1. Zucchini putzen, waschen und in 1 cm breite Scheiben schneiden, evtl. Scheiben halbieren. Paprika halbieren, entkernen, waschen und in Stücke schneiden. Tomaten waschen. Schafskäse in Würfel schneiden. Olivenöl mit Kräutern verrühren und mit Salz und Pfeffer abschmecken.

2. Gemüse und ungegarte Kartoffelknödel auf Holzspieße stecken. Jeden Spieß auf ein Stück Alufolie setzen, mit dem Würzöl beträufeln und die Alufolie an den oberen Enden verschließen. Im vorgeheizten Backofen bei 225 °C (Umluft: 200 °C) 15-20 Minuten garen.

3. Inzwischen Essig mit Zucker in einem Topf sirupartig einkochen. Die Knödel-Spieße aus der Folie nehmen, in eine Form legen und mit der Balsamicocreme beträufelt servieren.

Nährwerte pro Spieß:
kcal: 207, kJ: 864
Eiweiß (in g): 6
Fett (in g): 11
Kohlenhydrate (in g): 19

SÜSSE KNÖDEL

Kochen macht Spaß und Süßes macht glücklich.
Kein Wunder also, dass sich kleine und große Gourmets
riesig auf eine leckere Überraschung zum Nachtisch freuen.
Und wenn es Mini-Knödel zum Dessert gibt, ist die Freude doppelt groß:
Wer hat Lust, Vanilleknödel mit fruchtigem
Kompott oder Spekulatius-Knödel zu probieren?

Vanilleknödel
zu Erdbeer-Rhabarber-Kompott

Zubereitungszeit:
ca. 30 Minuten

Zutaten für 4-6 Portionen:
500 g Rhabarber
250 g Erdbeeren
120 g Zucker
1 EL MONDAMIN Feine Speisestärke
1 Packung PFANNI Mini-Knödel „Kartoffelknödel“
1 Päckchen Vanillezucker

Zubereitung:

1. Rhabarber schälen und in Stücke schneiden. Erdbeeren putzen, waschen und evtl. halbieren. Rhabarber mit 150 ml Wasser und 100 g Zucker aufkochen und in ca. 3 Minuten weich kochen. Speisestärke in 3 EL Wasser anrühren, unter Rühren zum Kompott geben und aufkochen lassen. Erdbeeren zugeben und kurz mitkochen.

2. Inzwischen Kartoffelknödel in kochendem Wasser 7 Minuten garen, in ein Sieb abgießen.

3. Restlichen Zucker mit dem Vanillezucker mischen. Abgetropfte Knödel darin wälzen und zum Erdbeer-Rhabarber-Kompott servieren.

Nährwerte pro Portion (1 von 6):
kcal: 250, kJ: 1050
Eiweiß (in g): 3
Fett (in g): 4
Kohlenhydrate (in g): 48

Tipp: Mit kandierten Blütenblättern (z. B. Veilchen- oder Rosenblättern) garnieren.

Spekulatius-Knödel zu Backobst

Zubereitungszeit:
ca. 25 Minuten
(ohne Einweichzeit)

Zutaten für 4-6 Portionen:
250 g Trockenobst (z.B. Aprikosen, Pflaumen, Datteln, Feigen)
50 ml Portwein
1 EL MONDAMIN Feine Speisestärke
350 ml Sauerkirschsaft
2 EL Zucker
1 Packung PFANNI Mini-Knödel „Kartoffelknödel“
40 g Spekulatius (Weihnachtsgebäck)
20 g Butter oder Margarine

Zubereitung:

1. Obst ca. 4 Stunden (am besten über Nacht) im Portwein einweichen. Speisestärke mit 3 EL Kirschsaft anrühren. Obst mit Zucker und restlichem Saft aufkochen. Angerührte Speisestärke einrühren und kurz kochen lassen.

2. Inzwischen Kartoffelknödel in kochendem Wasser 7 Minuten garen, in ein Sieb abgießen.

3. Spekulatius zerbröseln. Butter in einer Pfanne schmelzen und die Brösel darin goldgelb rösten. Knödel in die Pfanne geben und darin schwenken. Backobst zu den Spekulatius-Knödeln servieren.

Nährwerte pro Portion (1 von 6):
kcal: 376, kJ: 1574
Eiweiß (in g): 5
Fett (in g): 9
Kohlenhydrate (in g): 64

Knusperknödel
zu Pflaumenkompott

Zubereitung:

1. Pflaumen in ein Sieb abgießen, Saft dabei auffangen. Speisestärke mit 3 EL Saft anrühren. Restlichen Saft in einem Topf mit Zucker erhitzen. Angerührte Speisestärke einrühren und aufkochen. Mit Zimt und Nelkenpulver abschmecken. Pflaumen zufügen und heiß werden lassen.

2. Inzwischen Kartoffelknödel in kochendem Wasser 7 Minuten garen, in ein Sieb abgießen.

3. Butterkekse zerbröseln. Butter in einer Pfanne erhitzen und die Keksbrösel darin bräunen. Knödel in die Pfanne geben und darin schwenken. Knusperknödel zum Pflaumenkompott servieren.

Nährwerte pro Portion (1 von 6):
kcal: 253, kJ: 1062
Eiweiß (in g): 4
Fett (in g): 8
Kohlenhydrate (in g): 40

Zubereitungszeit: ca. 30 Minuten

Zutaten für 4-6 Portionen:
1 Glas Pflaumen (Abtropfgewicht 385 g)
1 EL MONDAMIN Feine Speisestärke
1 EL Zucker
Zimt, Nelkenpulver
1 Packung PFANNI Mini-Knödel „Kartoffelknödel"
40 g Butterkekse
20 g Butter oder Margarine

Knödel in Mohnbutter

Zubereitungszeit:
ca. 25 Minuten

Zutaten für 4-6 Portionen:
1 Dose Aprikosen (Abtropfgewicht 480 g)
1 EL MONDAMIN Feine Speisestärke
1 EL Zucker
1 Packung PFANNI Mini-Knödel „Kartoffelknödel"
30 g Butter
1/2 Packung Mohn-Back

Nährwerte pro Portion (1 von 6):
kcal: 305, kJ: 1278
Eiweiß (in g): 5
Fett (in g): 11
Kohlenhydrate (in g): 45

Zubereitung:

1. Aprikosen in ein Sieb abgießen, Saft dabei auffangen. Speisestärke mit 3 EL Saft verrühren. 50 ml Saft beiseite stellen. Restlichen Saft in einem Topf mit Zucker aufkochen. Angerührte Speisestärke einrühren und aufkochen. Aprikosen zugeben und heiß werden lassen.

2. Inzwischen Kartoffelknödel in kochendem Wasser 7 Minuten garen, in ein Sieb abgießen.

3. Butter in einer Pfanne schmelzen, Mohn-Back und restlichen Aprikosensaft zufügen. Knödel in die Pfanne geben und in der Mohnbutter schwenken. Mohnknödel zum Aprikosenkompott servieren.

Süße Semmelknödel zu Erdbeerkompott

Zubereitung:

1. Erdbeeren putzen, waschen, halbieren oder vierteln. Die Hälfte der Erdbeeren mit dem Zitronensaft und 2 EL Zucker in einem Topf zugedeckt bei mittlerer Hitze aufkochen. Topf vom Herd nehmen und zugedeckt stehen lassen.

2. Ca. 2 l Wasser mit dem restlichen Zucker aufkochen. Semmelknödel zufügen und bei schwacher Hitze 5 Minuten garen. Knödel in ein Sieb abgießen und gut abtropfen lassen.

3. Butter mit Ahornsirup in einer Pfanne erhitzen. Semmelknödel zufügen und darin schwenken.

4. Restliche Erdbeeren zu den gegarten Erdbeeren geben und untermischen. Süße Semmelknödel mit dem Erdbeerkompott servieren.

Zubereitungszeit:
ca. 35 Minuten

Zutaten für 4-6 Portionen:
500 g Erdbeeren
2 EL Zitronensaft
5 EL Zucker
1 Packung
PFANNI Mini-Knödel
„Semmelknödel“
1 EL Butter
1 EL Ahornsirup

Tipp: Mit gehackten Pistazien bestreuen und mit Minzblättchen garnieren.

Nährwerte pro Portion (1 von 6):
kcal: 171, kJ: 723
Eiweiss (in g): 3
Fett (in g): 3
Kohlenhydrate (in g): 33

Semmelknödel Helene

Zubereitung:

1. Vanilleschote längs aufschneiden. Weißwein, Vanilleschote und Zucker aufkochen. Birnen schälen, längs halbieren und das Kerngehäuse herausschneiden. Birnen in den Sud geben und zugedeckt bei mittlerer Hitze 2 Minuten dünsten, Birnen einmal umdrehen und weiter ca. 3 Minuten dünsten.

2. Semmelknödel in kochendes Wasser geben und bei schwacher Hitze 5 Minuten garen. Knödel in ein Sieb abgießen und gut abtropfen lassen. Butter mit dem Honig in einer Pfanne erhitzen. Semmelknödel zufügen und schwenken.

3. Für die Schokoladensauce Sahne oder Cremefine in einem Topf erwärmen. Schokolade in Stücke brechen und zufügen, unter Rühren schmelzen (nicht kochen lassen).

4. Birnenhälften und Semmelknödel auf Teller verteilen. Mit Schokoladensauce beträufeln und mit Puderzucker bestäuben.

Tipp: Mit getrockneten Cranberries bestreut servieren.

Nährwerte pro Portion:
kcal: 420, kJ: 1763
Eiweiss (in g): 6
Fett (in g): 21
Kohlenhydrate (in g): 46

Zubereitungszeit:
ca. 25 Minuten

Zutaten für 6 Portionen:
1 Vanilleschote
1/4 l (250 ml) Weißwein
(ersatzweise Wasser)
3 EL Zucker
3 Birnen
1 Packung
PFANNI Mini-Knödel
„Semmelknödel"
1 EL Butter
1 EL Honig
200 ml Schlagsahne oder
RAMA Cremefine zum Kochen
150 g Zartbitter-Schokolade
Puderzucker zum Bestäuben

Index

Impressum

Herausgeber:
Unilever Deutschland GmbH Foods
Dammtorwall 15 · 20355 Hamburg
Frauke Johannigmann (Redaktion)
Regine Lüghausen (Marketing)
Birgit Unkelbach (Rezeptentwicklung)

Verbraucher-Service:
Tel.: (0180) 2000-425 (6 Cent/Anruf)
www.pfanni.de

Konzept:
ad publica Public Relations GmbH
Alter Wandrahm 10 · 20457 Hamburg

Verlag:
Companions GmbH
Rödingsmarkt 9 · 20459 Hamburg
Tel.: 040.30 60 46-00
info@companions.de
www.companions.de

Layout: Cornelia Prott
Korrektorat: Anne Beyer,
Ulrike Frühwald
Druck und Bindung:
Druckerei zu Altenburg GmbH

ISBN: 978-3-89740-519-6

Fotos: Ingrid von Hoff außer:
Photodisc (S. 7), PhotoAlto (S. 17)
Stockbyte (S. 29, 71), Wohlgemut
GmbH (S. 46, 47, 55, 56, 57, 62)
Image Source (S. 63), Getty Images
(S. 43), DigitalVision (S. 103)
Illustrationen S. 77, 80, 85: Astrid Henn